传统文化艺术普及读本

中学生应知的传统书画常识

王金凤 编著

中原出版传媒集团
中原传媒股份公司

河南美术出版社
·郑州·

图书在版编目（CIP）数据

中学生应知的传统书画常识/王金凤编著.—郑州：
河南美术出版社，2021.1
（传统文化艺术普及读本）
ISBN 978-7-5401-4903-1

Ⅰ.①中… Ⅱ.①王… Ⅲ.①书画艺术—中国—初
中—课外读物 Ⅳ.① G634.955.3

中国版本图书馆 CIP 数据核字（2019）第 254424 号

书　　名：中学生应知的传统书画常识
编　　著：王金凤
责任编辑：董慧敏
责任校对：王淑娟
装帧设计：力源文化
制　　作：郑州巨作图文设计有限公司
出版发行：河南美术出版社
　　　　　地址：郑州市郑东新区祥盛街 27 号
　　　　　邮编：450000
　　　　　电话：0371-65788152
印　　刷：河南博雅彩印有限公司
开　　本：710 毫米 ×1000 毫米　1/16
印　　张：10
字　　数：130 千字
版　　次：2021 年 1 月第 1 版
印　　次：2021 年 1 月第 1 次印刷
书　　号：ISBN 978-7-5401-4903-1
定　　价：29.80 元

前 言

　　中国是一个艺术的国度。作为中华优秀传统文化的中国书法和中国绘画，是这个国度中两颗璀璨的明珠。2017年1月25日，中共中央办公厅、国务院办公厅印发的《关于实施中华优秀传统文化传承发展工程的意见》提出：到2025年，中华优秀传统文化传承发展体系基本形成，研究阐发、教育普及、保护传承、创新发展、传播交流等方面协同推进并取得重要成果，具有中国特色、中国风格、中国气派的文化产品更加丰富，文化自觉和文化自信显著增强，国家文化软实力的根基更为坚实，中华文化的国际影响力明显提升。

　　中华文化源远流长，可以说，中华文明的发展史也是中国书画的发展史。汉字的演变至今已有五千年的历史，甲骨文是目前中国发现的最早的成熟文字，是中华远古文明的象征，随后的"五体""五法"也是在此基础上演变和发展的。中国书画经历了三千多年的发展和演变，在汉唐时期已出现了繁荣和兴盛的局面，宋代的中国书画达到了巅峰状态，从元到明清再到当代，书画艺术一直都有传承和创新。中国书画的繁荣与成熟要比西方文艺复兴时期才趋于成熟的绘画艺术早数百年。

在这本书中，作者对中国传统书画的基础知识进行了精心梳理，对其中常识部分做分类介绍，如基础与技法、名词与称谓、款式与装裱、收藏与品评、名家与名作、文化与遗存，逐一传达给我们的中学生。在图书编排上精简文字，以图文并茂的形式呈现，突显书画艺术的以图传意功能。希望孩子们能通过作者简洁生动的描述，结合欣赏精美的书画作品，来了解中国的传统文化，爱上传统文化，继承和发扬传统文化。

中国书法和中国绘画不仅是我国人民的文化遗产，也是世界人民的共同财富，千百年来，一直深受广大民众的喜爱。真心希望同学们能够通过这套书走近中国书画，亲近中国书画，享受艺术，提高审美情趣，提升文化艺术素养，培养发现美的眼睛和艺术表现能力。

田金良

2018 年 9 月于郑州

目　录

基础与技法

名词与称谓

款式与装裱

收藏与品评

名家与名作

文化与遗存

基础与技法

工欲善其事，必先利其器——怎么选择毛笔？

我们都知道中国的传统书写和绘画工具是毛笔。毛笔是古人在生产实践中发明的，毛笔制作是中国传统手工技艺之一，毛笔更是中华文明源远流长的重要象征。

那我们学习书画时，怎么挑选毛笔呢？

首先，古人将好笔的特征概括为尖、齐、圆、健，并誉为笔之"四德"。所谓尖，是指笔锋尖如锥状且不分叉，利于点撇钩捺的书写；齐，是指笔毫挺直整齐，散开后顶端平齐；圆，是指笔头浑圆匀称，吸墨饱满，吐墨均匀，使书写圆转如意；健，是指笔头充实，书写时富有弹性，收笔后笔头能快速恢复如初。

其次，可以根据书写需求选择毛笔。根据笔锋软硬程度，毛笔可分为硬毫、兼毫、软毫三大类。硬毫笔笔头主要用狼毫（黄鼠狼尾毛）制作，也有用獾、貂、鼠等动物的须毛来制作的。其优点是笔锋健挺有力，宜书宜画。硬毫笔品种有很多，如红豆、鼠须、衣纹、叶筋、兰竹等。软毫笔主要指羊毫笔，以青羊或黄羊之须毛或尾毫制成。羊毫笔的特点

兼毫毛笔

狼毫毛笔

羊毫毛笔

是比较柔软，吸墨量大，适于书写或者烘染。一般常见的有大楷笔、京提（或称提笔）、玉笋、玉兰蕊等。兼毫笔笔头多是用两种刚柔性质不同的毫毛制成，优点是刚柔相济，储墨较多，便于书画。兼毫笔常依照混合比例命名，如三紫七羊、九紫一羊等，其性能也因混合比例不同而不同，或刚或柔，或刚柔适中。

此外，可以根据笔锋的长短、大小选择毛笔。毛笔按笔锋长短分长锋、中锋、短锋之别，性能也有所差异：长锋更容易画出婀娜多姿的线条，短锋能使线条凝重厚实，中锋则兼而有之。根据笔锋的大小不同，毛笔又分为小、中、大等型号。比如画工笔花鸟画时，一般用"小红毛"（硬毫）勾线，小白云、大白云（软毫）染色，再用一支中号的兼毫笔来皴擦点染。其实，绘画不一定要用新笔，因为其笔锋尖锐，皴染效果并不理想，所以有的画家喜用秃笔，以增加画面苍劲朴拙的趣味。

中国传统书画用的宣纸有什么特点？

造纸术是我国古代的四大发明之一，是我国在人类文化的传播和发展上做出的一个突出贡献。宣纸是传统书画最常用的纸张，因原产于宣州府（今安徽宣城）而得名。宣纸的产生历史悠久，最早的记录见于唐代。在古代，宣纸因为易保存、不会变脆等特点，主要用于书写和绘画，具有"纸寿千年"的美誉。

市场上宣纸的种类很多，令人眼花缭乱，初学者在选择时往往无所适从，其实选择起来并不复杂。

按照加工方法进行分类，宣纸分为生宣、熟宣和半熟宣。快速区分生宣和熟宣的方法很简便，可以用清水接触纸面，水分立即洇开的为生宣；凝聚基本无变化的，即为熟宣；散开速度较慢的为半熟宣。生宣吸水性强，容易产生丰富的墨色变化，画写意花鸟、山水画较为适宜。生宣作画有墨趣、变化多，但落笔即定形，水墨渗化迅速，不容易掌握。常见的生宣品种是净皮。熟宣是把宣纸用胶矾水等加工过，纸质比生宣硬一些，吸水能力弱，使用时墨和颜色不会洇散开来。所以熟宣适宜层层渲染的工笔画。它的缺点是放久了会出现脆裂或"漏矾"。熟宣常见的品种有蝉翼、云母、冰雪等。半熟宣是由生宣加工而成，吸水能力界乎前两者之间，玉版宣就属于这一类。

宣纸按原料的不同，可分为棉料、净皮、特净三大类。如果按规格分类，可分为三尺、四尺、六尺、八尺、丈二等。也可按厚薄分类，分为单宣、夹宣等。

宣纸制作是我国独有的优秀民族工艺之一，历经千年变迁，在书法、国画等国粹的发展过程中，其技艺也不断走向成熟。

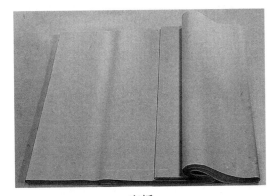

宣纸

为什么学书法要从临帖开始？

我们学习书法的时候，常听说要好好临帖。那为什么要临帖，什么是临帖呢？

所谓临帖，就是以经典的碑、帖为样本，来对照临摹学习。这是学习书法的重要途径。

之所以重视临帖，是因为任何一种艺术，都有其固有的规律，都有表现其艺术效果的方法和技巧，书法艺术也是这样。学习书法，首先要明白所学书体在结体、用笔和章法等方面的法则和规律，其次还要学习其艺术效果的表达方法和书写技巧。

学书法最有效的办法之一就是临习前人优秀的碑帖法书。如果不临帖，老是按照自己原有的写字方法和习惯练习，或者随心所欲、任意挥洒，结果只能是南辕北辙、事与愿违。

初学者要临摹，书法家也非常重视临摹，对经典的碑帖，书法家更是爱不释手地临习。比如赵孟頫对王羲之《兰亭序》就临摹了几百遍。王铎曾言："书不师古，便落野俗一路，如作诗文，有法而后合，所谓书之正道也。"这里的"师古"便是临帖。

兰亭序　东晋　王羲之　冯承素摹本（局部）

什么是碑帖？什么是拓本？

前边说过，学习书法首要是临帖，要临帖就先要知道什么是碑、帖、拓本等，之后才能方便学习。

那什么是碑帖呢？简单地说是碑和帖的合称。

提到碑，我们首先想到的是坟墓旁边竖立的墓碑。我们这里所说的碑，指的是帖以外所有文字刻石的总称，按不同的形制可分为刻石、摩崖、墓志、石经、造像记等。目前流传下来的秦汉刻石、六朝墓志、隋唐碑刻等，

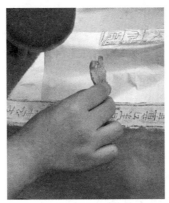

工匠在拓印

是考订史实、研究书法、了解古代风土人情的宝贵资料，尤其是碑上镌刻的文字，有很多是文学作品和书法家的手迹。这些文字便成了书法家临摹的范本，如汉代的《曹全碑》，北魏的《张猛龙碑》，唐代颜真卿的《颜勤礼碑》等。

我们这里说的"帖"是指古人用毛笔书写在纸上或者绢帛上的文字，包括名家的诗稿、书札、文章等。如王羲之的《兰亭序》，苏轼的《寒食帖》等。

了解了碑、帖，那什么是拓本呢？拓本就是用纸紧覆在碑石或金属

器物的文字或花纹上，用墨或其他材料打出其文字、图形的拓印品。拓本一般是白底黑字，称墨拓；也有用朱砂拓印的，称朱拓。

现在，大家习惯于把装裱成册的历代法书的印刷品统称为字帖。一般习字的人也惯用这种说法了。

什么是"锥画沙""折钗股""屋漏痕"？

"锥画沙""折钗股""屋漏痕"都是指笔墨在作品中留下的痕迹，是古人用形象化的比喻来说明书法用笔的特点，是笔意形态含蓄有力的真实写照。

"锥画沙"，是中锋用笔的一种比喻。当用锥尖去划沙子时，如果划得浅，或一滑而过，就难以留下明显的痕迹。如果缓慢用力划过，两边的沙子必然均匀隆起，中间则深深凹成一线，并且线条均匀、饱满有力。这种比喻准确地体现了书法的中锋笔法。

"折钗股"，是笔画转弯处行笔的一种比喻。钗是古时女性用以插发髻的金属制品，弯曲而富有韧性。这里以此来形容笔画转折处圆融有力且不露痕迹，强调转折过程中仍以中锋运笔，如金钗一样宛转流畅，毫无凝滞，一气呵成。

"屋漏痕"，即雨水漏入房间，沿着墙壁慢慢渗透下来，这是用笔的一种比喻，是唐代颜真卿提出的。比喻在行笔时，竖画不能一泻而下，应该顿挫运笔，显得沉着厚重而又圆润生动，笔墨如破壁漏痕，凝重自然。

中国画是怎么分类的？

中国画，简称"国画"，是具有悠久历史的中国传统绘画形式。其创作方法是用毛笔蘸水、墨、色彩于绢或宣纸上作画。

中国画的分类方法很多，按其题材通常可分为人物画、山水画、花鸟画三类。按其表现方法可分为工笔画、写意画。按照色彩和技法又可分为水墨、浅绛、青绿、金碧、重彩、白描、没骨等类别。按照画幅形式还可分为长卷（又称手卷）、横披、立轴、册页、斗方、扇面等。

人物画是我国传统的画科之一，内容以人物造像为主。因侧重内容不同，又可分为人物、历史肖像画、故事画和风俗画。人物画一直是中国传统绘画最主要的画科之一。据记载，人物画在春秋时期已经达到很高的水准。从出土的战国时期楚墓帛画可以看到当时人物画的成就。

山水画，是以描写山川自然景色为主题的绘画。肇始于魏晋六朝，多作为人物画的背景而存在，后逐渐发展完善；至隋唐，已有不少独立的山水画制作；五代、北宋而日趋成熟，作者纷起，从此成为中国画中的一大画科。在技法形式上主要有青绿、金碧、没骨、浅绛、水墨等，在艺术表现上讲求经营位置和表达意境。

花鸟画是我国的传统画科之一，以花卉、竹石、鸟兽、虫鱼等为画面主体，至宋元间，这一画科达到高峰。

什么叫重彩？什么叫青绿？

前边讲过工笔是国画的一种表现方法，是与写意相对应的概念。简单来讲，工笔就是运用工整、细致、缜密的技法来描绘自然物象。它一般可分为四大类：工笔白描、工笔淡彩、工笔重彩和工笔没骨。从表现内容上可分为工笔人物、工笔花鸟、工笔山水。

工笔画在长期的历史发展中建立了一套严整的技法体系。工笔画的基础是强调骨法用笔，以线条造型，色彩一般设色明艳、高雅，有统一的色调，具有浓郁的中国民族色彩和审美意趣。

重彩常指以矿物质颜料和粉质颜料为材料，用色浓重的一种工笔画法。其画面设色浓重、艳丽，给人以高雅华贵的感觉。如《芙蓉锦鸡图》，线条遒劲有力，色彩艳丽，晕染细腻，具有雍容富贵的气派。

青绿一般是指中国画石青、石绿两种颜料，也特指用这两种颜料为主色的画体。青绿山水，就是以矿物质石青和石绿为主色的山水画，极易表现山石树木的苍翠。青绿山水画有大青绿、小青绿之分。前者多勾廓，少皴笔，着色浓重，装饰性强；后者则是在水墨淡彩的基础上薄罩青绿。此外，也有在青绿山石的轮廓上勾以金石，这样的山水画又称金碧山水。

这里需要注意的是，工笔重彩可指人物、花鸟，也可指山水的画法。但是青绿一般特指山水画，没有青绿人物，也没有青绿花鸟的说法。

什么叫"没骨有骨"？

没骨（mò gǔ），是中国传统绘画的一种形式。这种画法不用墨线勾勒，直接用颜色或墨色绘制物象，简单说来就是不勾勒外轮廓的一种绘画技法。

没骨的"没"字，即掩没之意，它的精要在于将运笔和设色有机地融合在一起，不用勾轮廓，不要打底稿，更不能放底样拓描。作画时，要求画者胸有成竹，一气呵成。

没骨画将墨、色、水、笔融于一体，在纸上巧妙挥运，重在蕴意，依势行笔。没骨画法，介乎工笔与写意之间，它将书法的笔势之美引入到画中，既不像工笔那样用工整、细致线条勾勒，又不同于写意的笔墨挥洒，酣畅淋漓。没骨虽没有用线条勾勒，但画面亦工亦写，别开生面。没骨画代表画家有南朝梁张僧繇，清初的恽寿平等。

没骨并不是没有骨头，中国画里强调的"骨法用笔"对没骨画依然适用。在书法里把笔锋所过之处称为"骨"，其余部分称为"肉"。没骨画也得有骨有肉，这就是所谓的"没骨有骨"。

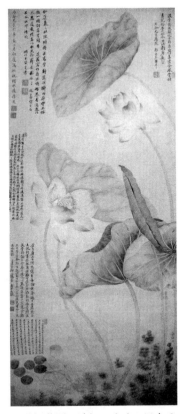

红莲绿藻图　清初　唐艾　恽寿平

11

白描是独立的画体吗？它和人们常说的素描一样吗？

白描，也常叫线描，是中国画的一种技法，也是中国画的一个种类。中国历代画家对线有着深刻的认识和高超的创造，他们用千姿百态的线，抒发情感，描绘自然，这和中国绘画强调"骨法用笔"是高度一致的。所以在中国绘画中，白描既是具有独立艺术价值的画种，又是基本功的锻炼手段，还是工笔画设色之前的重要过程（过白描稿）。

维摩居士像　北宋　李公麟

初学中国画时，白描训练往往是必不可少的一个过程。这种单纯以毛笔勾勒线条，不用颜色来描绘形象的绘画形式，不仅可以勾画静态的轮廓，还可以表现动态的韵律。唐代吴道子、北宋李公麟都是白描大家，他们将白描发展成为一种独特的艺术形式。

白描是不借用任何色彩，用墨线勾画物象，用线条的粗细、浓淡、转折画出物象形态结构的绘画方法；而素描是借用单色的线面组合来表现物象的造型方法。相比之下，素描更强调刻画出物象的色调、明暗、光影、空间等效果。所以，白描和素描是完全不同的两个画法和画种。但两种不同的造型方法都可以塑造物象，区别在于一个强调用线，一个注重明暗。

什么叫笔墨？为什么画家都重视笔墨？

对中国画优劣高下的评判，我们常常以笔墨为重要标准。真正懂中国画的人也都会关注、品味笔墨。那么什么是笔墨呢？

笔墨，中国画术语，有时也作为中国画技法的总称。在技法上，"笔"通常指勾、勒、皴、擦、点、染等笔法，"墨"指破墨、泼墨、积墨等墨法。在理论上，笔墨强调笔为主导，墨随笔出，相互映发，完美地描绘物象，表达意境，以取得形神兼备的艺术效果。中国画强调有笔有墨，两者相辅相成，不可偏废。

笔墨在中国画中具有独立的审美价值。笔墨审美在中国传统绘画中经历了长期发展、完善的过程，元代文人画兴盛，笔墨开始独立成为一种审美趣味。这时，笔墨不仅仅是一种绘画的技法，还是画家个性、才情、修养的综合体现。比如元代超然出世的画家倪瓒，他的作品萧疏简淡，带有一种超凡脱俗的荒寒和孤独，显得高逸空灵。

从南朝谢赫提出"骨法用笔"，到清代石涛强调"笔墨当随时代"，再到现代黄宾虹认为"论用笔法，必兼用墨，墨法之妙，全以笔出"，由以上画家所言不难看出，"笔墨"历来是传统中国画的精神内核。自然万物的神韵通过画家千变万化的笔墨，塑造出引人遐想、拨动情思的艺术形象，这就是国画的魅力。

什么是破墨、泼墨和积墨？

观赏中国画作品时，我们常听到这样的点评：这里用的泼墨酣畅淋漓，那里用的破墨水墨交融，这里又是积墨层次丰富……其实破墨、泼墨和积墨都是中国画里用墨的技法。

破墨法，专指作画时，趁一种墨迹未干之际，又画上另一种墨色，以求水墨浓淡相互渗透掩映，达到苍润鲜活的效果。破墨法又可分为四种：浓墨破淡墨、淡墨破浓墨、墨破色、色破墨，各具特色。如近现代画家齐白石在画虾的头胸部时，先画淡墨，趁墨色未干时在淡墨上用浓墨勾画，用墨的自然渗化来表现虾身体半透明的质感和层次特征。

虾　近现代　齐白石

泼墨法，是用毛笔饱蘸墨汁泼洒在纸上或绢上，属于落笔大胆、酣畅淋漓、气势磅礴的写意画法。优秀的泼墨画墨色丰富、恣意挥洒、痛快而生动。现代也有以彩色为泼洒介质的画法，称为"泼彩"。近现代画家张大千最擅长重彩与水墨，尤其是他泼墨与泼彩的方法，开创了中国画新的艺术风格。

积墨法，是层层叠加积累多层次笔墨的绘画技法。这种墨法一般由淡墨开始，待第一遍

千岩万壑图（局部）　清初　龚贤

墨迹稍干，再画第二次、第三次，可以如此反复皴擦点染许多次，甚至上了颜色后还可再皴再积，直到画足为止，直至物象具有苍辣厚重的体积感与质感。在画史上，清初画家龚贤的积墨法取得了突出成就，并成为其创造个性化山水风格的基础。此外，龚氏积墨法对黄宾虹、李可染等近现代画家都产生了很大影响。

什么叫作皴法？常见皴法有哪些？

提到"皴"，我们常常想起皮肤因受冻或受风吹而干裂的情形。但这里说的"皴"，是传统中国画的一种技法，指画家在画山水时，为了表现山石和树木的纹理质地而采用的一种绘画方法。

早期山水画的主要表现手法是以线条勾勒轮廓，然后敷色。随着绘画技法的发展，逐渐形成了先勾出轮廓，再用侧笔淡干墨来描绘物象的方法。这种皴擦的用笔就是中国画独特的"皴法"，其艺术效果在于它可以更丰富地表现山石树木的脉络、纹路、质地、阴阳、凹凸、向背等。

　　因地质构造的不同，山石的形貌也各不相同，进而形成了不同类型的山石皴法。常见的有：披麻皴、大小斧劈皴、卷云皴、折带皴、荷叶皴、解索皴、乱柴皴、雨点皴、牛毛皴、豆瓣皴等。表现树身表皮的皴法有：鳞皴、绳皴、横皴等。这些都是以其各自的形状而命名的。

　　皴法是古代画家在艺术实践中，根据各种山石的不同质地、结构和树木表皮的状态，加以概括而创造出来的表现程式。随着中国画的不断革新演进，这些表现技法还会继续丰富发展。

乱柴皴　　　　　乱麻皴　　　　　云头皴　　　　　折带皴

斧劈皴　　　　　芝麻皴　　　　　荷叶皴　　　　　披麻皴

工笔画为什么要三矾九染

三矾九染是中国画的一种技法。工笔重彩画要精确地表现物象的形体结构，取得明朗、润丽的艺术效果，就必须反复渲染、逐层叠色，这种方法古时称三矾九染。

在工笔画的创作过程中，需要用很薄的颜色反复渲染颜色。当渲染次数过多时，颜色容易发灰，底下的颜色就容易被上面渲染的颜色搅动，纸也容易起毛，这时就需要用胶矾水固定底下的颜色，以便再次染色。一般情况下，染几遍颜色之后，用胶矾水轻刷一遍来固色。整个工序需要重复数次。

"三"与"九"在这个词语里是虚数，仅仅是指次数较多，具体的次数要根据画家的画面需要而决定。三矾九染的过程需要画家悉心关注，因为一旦染的过程中水分过多或矾用得不好，就有可能造成渗水，颜色不均匀，一块深一块浅，这种"漏矾"现象是很影响画面效果的。

如今，三矾九染不仅可代指经多次渲染画出的工笔画，也可以用来形容绘画过程的繁复。

春江水暖　近代　陈之佛

什么是十八描？

上文说到线描，以线造型是中国传统绘画的特色，不管是人物画，还是山水画、花鸟画，都少不了以线勾勒物象。古代画家把各种线描形式概括成十八种，作为基本程式用于传授线描技法，俗称"十八描"。当然，十八描并不仅仅是人物画的基本画法，同样也是花鸟画的基本技法。十八描包括：高古游丝描、琴弦描、铁线描、行云流水描、蚂蝗描、钉头鼠尾描、混描、撅头丁、曹衣描、折芦描、橄榄描、枣核描、柳叶描、竹叶描、战笔水纹描、减笔描、柴笔描、蚯蚓描。

这里的每一种线描都很有特色，都是根据著名画家作品的用笔特征提炼技法，并根据其外形特征加以命名的。如"折芦描"所画衣纹线条，起笔部分较为尖细，行笔至中间转折时由于压力增强，外形像折断的芦叶而得名。此画法在勾描的同时辅以淡墨进行渲染，一方面有利于增强衣纹的立体感；另一方面，也可以舒缓由用笔激烈转折而带来的紧张生硬之感。代表作如宋代李唐的《采薇图》。

十八描中"高古游丝描"是最古老的工笔线描之一，其

采薇图（局部）　南宋　李唐

线条纤细圆润，顿挫变化不甚明显。顾恺之的画作中常常使用这种线。"曹衣描"据传是由画家曹不兴所创立。他画的佛像衣纹下垂，繁密贴身如刚从水中捞出的一样，故也称"曹衣出水描"。"柳叶描"和"竹叶描"类似，都是虚入虚出的笔法，据传唐代吴道子最为擅长。

衣纹细节

十八描用笔不拘泥于中锋，可以中锋、侧锋交互使用，富于变化，一笔中墨色也多有深浅变化。比如"撅头丁"就是秃笔线描，是一种近似写意的用笔法，南宋画家马远、夏圭多用此种画法。"减笔描"指的是马远、梁楷等作大写意用的笔法。其用笔粗率且一气呵成，一笔中常富有墨色变化，但大多只画外轮廓，用笔简练到极致。

什么是中国画的"三远"？

"三远"，是中国山水画的空间表现方法。指的是在山水画中，可以有多种不同的观察和表现的角度。这一表现方法由北宋画家郭熙在他的著名山水画论著《林泉高致》中提出。他对"三远"是这样定义的："山有三远：自山下而仰山巅，谓之高远；自山前而窥山后，谓之深远；自近山而望远山，谓之平远。"

"高远"类似仰视效果，相当于站在山下往上看崇山峻岭的景色。取势高大雄伟，震撼人心，有阳刚之气，反映的是山势的巍峨宏伟。"平

19

早春图　北宋　郭熙

远"类似平视效果，相当于站在平地上往前看，给予观者一种平静缓和的感觉，视野广阔，取势宏大。"深远"相当于站在山前往后看，由近及远，营造的是前后层叠、纵向深邃的视觉效果。

　　表现山川景象的高远、深远、平远"三远"法，是中国画的一种时空观念。高耸巍峨的高远、深邃幽静的深远、舒缓辽阔的平远，是中国画构图与空间描绘的综合体现，营造了中国山水画独特的意境美，彰显的是中国传统文化的美学思想。

　　"三远"法是中国山水画在空间关系处理上的一种方法，表现的是自下而上、由近及远、由横转平的空间变化，是对画面节奏化的观察与处理，这与西方绘画焦点透视法大相径庭。"三远"法把中国画的空间层次阐释得更加丰富，为中国山水画诗意的创造赋予了更为广阔的艺术空间。

名词与称谓

你能说出五大书体的特点和代表名家吗？

中国书法有篆书、隶书、楷书、行书和草书五种最基本的书体。但这五种书体在字形结构、笔画顺序上有着很大差异。

小篆为秦代官方统一使用的字体，字形瘦长圆润，线条统一齐整、宛转通畅，给人庄重严肃之感。

隶书起源于秦代，在汉代趋于成熟。隶书字形扁方，笔画流畅，特别是长横，一波三折，似蚕头雁尾，奠定了楷书的基础。隶书的风格多样，品目繁多，汉代是中国书法史上隶书的高峰。著名的代表作有秀美流畅的《曹全碑》，方厚质朴的《张迁碑》，典雅隽永的《礼器碑》等。

楷书由隶书演变而来，三国时期魏国的钟繇是最早创立楷书的大家，被称为"楷书之祖"。楷书的巅峰期是在唐朝，这个时代的楷书，点画横平竖直，规范工整，结构端庄平稳，多被后人取法。唐代的楷书以其整体特点趋同，而统称"唐楷"。我们常说的"颜柳欧赵"楷书四大家，指的是颜真卿、柳公权、欧阳询、赵孟頫，除了赵孟頫是元代人，其他都是唐代的。他们既是中国书法史上的领军人物，是众多学书者追摹崇拜的对象。

行书是一种介于楷书和草书之间的书体，书写起来比楷书快速灵活，又比草书含蓄收敛，是一种特别实用的书体。行书又有行楷与行草之分。行书最具代表性的书法家当数"二王"，即王羲之、王献之。宋代的"苏黄米蔡"即苏轼、黄庭坚、米芾、蔡襄，都有精彩的行书作品传世。

草书分为章草、今草、狂草。草书特点是结构简省，笔画连绵。尤其是狂草的书写打破了一般书体的格式规范，点画结构富于变化，线条流动性强，随性洒脱，是最能表现作者个人性情的一种法体，其艺术欣赏价值远大于实用价值。草书代表作有：智永的《真草千字文》、张旭的《古诗四帖》、怀素的《自叙帖》等。

"书"字五种书体的不同写法：

| 忽动帖 东晋 王献之 | 得长风帖 三国 钟繇 | 灵飞经 唐 钟绍京 | 隶书七言联 清 伊秉绶 | 峄山刻石（唐人摹刻） 秦 李斯 |

篆书包括哪些类型？大篆和小篆是以书写的大小命名的吗？

篆书是五种书体中出现较早的一种书体。它分为大篆和小篆两种，大篆包括甲骨文、金文（钟鼎铭文）、籀文和六国古文。小篆则主要是指秦代的篆书，也称"秦篆"。

大篆是周朝的文字。周朝经过了几百年的混乱后，各诸侯国发展出了不同的文字，我们可以把它们都看作大篆的不同形态。西周后期，大篆的线条变得均匀柔和，简练生动，字形结构趋向整齐，逐渐离开了图画的原形，奠定了方块字的基础。

小篆是秦始皇在统一中国后，推行"书同文，车同轨"的政策，将秦国籀文在原有基础上进行简化，取消其他六国文字，进而创制的统一字体样式。中国文字发展到小篆阶段，轮廓、笔画、结构基本定型，象形意味削弱，文字更加符号化，减少了认读方面的混淆和困难。小篆体势修长，讲究对称，挺拔秀健，粗细一致，用笔起收不留痕迹，体态端庄而妍美。小篆直到西汉末年才逐渐

峄山刻石（局部）　秦　李斯

被隶书取代，但由于其字体优美，后来为书法家所青睐。

所以，大篆和小篆完全不是按照字形大小命名的，而是按照出现的早晚和不同的书写形态命名的。虽然篆书已经有两千多年的历史，但它仍然频繁地出现在我们今天的许多场合中，尤其是艺术设计和书画作品中。

什么是章草？草书有哪几种？

章草，是篆书演进到隶书阶段派生出来的一种书体。唐朝张怀瓘称其"既隶书之捷"，就是说章草是隶书的快写。所以章草是带有隶书笔意的一种书体，其特点是字形扁方，波挑明显带横式。单字笔画圆转勾连，

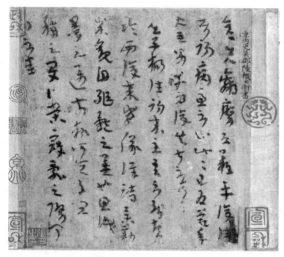

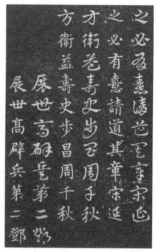

平复帖　西晋　陆机　　　　　　　急就章（局部）三国　皇象

映带处往往细若游丝，转如圆环；章法上又字字独立。比较著名的章草作品有皇象的《急就章》和陆机的《平复帖》等。

章草是从秦代的草隶中演化而来，经过长期流行通用，继而约定俗成的一种书法。章草作为一种书体，代表了西汉至东汉末年草书艺术的面貌。

章草最初被称为"草书"，汉末以张芝为代表的书家在此基础上创立了今草。今草经王羲之、王献之完善后到唐代发展成为更为狂放的"大草"，又称狂草。

为什么说青铜铭文、石鼓文是中国书法艺术的瑰宝？

铭文又称金文、钟鼎文，是指铸刻在青铜器物上的文字。它不单单是判断青铜器年代最重要的标准，也是先秦文明的重要佐证，更是商周时期成熟的书法艺术，被历代书法研究者视若珍宝。

石鼓文，是战国刻石上的文字，因刻石的外形酷似石鼓而得名。石鼓最初发现于唐初，共有十枚，石鼓高约三尺，直径约两尺，每块石上刻一首四言诗，共十首，计718字。石鼓文字多有残损，原石现藏于故宫博物院石鼓馆。

石鼓文的书法字体初步打下了方块汉字的基础，其章法横竖有距而排布自然，体势整肃，端庄凝重，笔力稳健，石与形、诗与字浑然一体，充满古朴雄浑之美。石鼓文是由大篆向小篆演变而又尚未定型的过渡性字体，集大篆之大成，开小篆之先河，在书法史上起着承前启后的作用，被历代书家视为练习篆书的珍贵范本。石鼓文对书坛的影响以清代最盛，如著名书家吴昌硕就是主要得益于石鼓文而形成自家风格的。所以，后世学篆书的人纷纷临习，奉它为中国书法艺术的瑰宝。

宗周钟

宗周钟铭文（局部）

石鼓

石鼓文

27

什么是简牍?

简牍实际上是竹简、木牍的总称。在纸发明以前,简牍是中国书籍的最主要形式,对后世书籍制度产生了深远的影响。直到今日,有关图书的名词术语如册、篇、卷等都与此有关。从外形上说,"简"是细细的长条形,每条可以写一行。常见的"简"是用竹子做的。"牍"多是宽大的形状,经常做成一尺左右的"尺牍",可以写多行文字,常用来写书信。

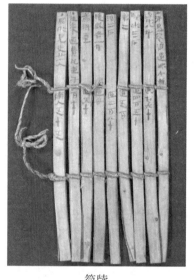

简牍

简牍是汉代主要的书写载体,以简居多,也统称为汉简。从书法史的角度看,汉代的书法有两大系统,一是碑刻文字,一是简牍墨迹,它们都是在纸未发明以前或未大量使用以前的书籍文献。汉简的文字内容或是书信记事,或是公文报告,不拘形迹,各有千秋,其中以草率急就者居多。汉简虽然受简面狭长、字迹窄小的限制,但章法布局仍能匠心独运,错落有致,随意挥洒,可以看出书写者的率性洒脱。

汉简以隶书居多,兼有篆书、草书等,是研究我国汉代历史最珍贵的资料,同时也是研究两汉书体演变和书法艺术的第一手资料。

什么是魏碑？是不是三国时的魏国石碑？

魏碑的"魏"既不指战国七雄的魏国，也不指三国时期的曹魏政权，而是指西晋分裂后，五胡十六国中代国的后身——拓跋氏（后改姓元）建立的"魏"，史称"北魏"。

现存的魏碑书体大都是楷书，因此也把这些楷书碑刻作品统称"魏楷"。后来就用"魏碑"来指称包括东魏、西魏、北齐和北周在内的整个北朝的碑刻书法作品。魏碑是以石碑、墓志、摩崖和造像记的形式存在的，其主要代表作有《张猛龙碑》《元桢墓志》《张黑女墓志》《始平公造像记》《郑文公上下碑》等。

张猛龙碑（局部）　北魏

魏碑作为楷书的一种，散发着独特的魅力。魏碑在形成、发展、成熟的过程中，其风格千变万化，地域风格相互濡染，持续时间约有一百年。魏碑书法也深刻地影响了隋唐书法，唐初几位楷书大家如欧阳询、褚遂良等，都是碑帖融合的大家。

魏碑书法笔画多变、朴厚灵动，丰腴又不刻板，兼有隶楷两种书体的神韵。康有为就在《广艺舟双楫》中赞誉魏碑有"十美"。近现代临学魏碑的人众多，而于魏碑成就最为突出者，当数民国时期的于右任。他在北魏楷书中融入了行书和隶书的笔意，可谓熔碑帖于一炉，形成他独特的书作。

什么是"谢赫六法"？

"谢赫六法"是中国古代美术作品品评的标准和重要美学原则。"六法"最早出现在南齐谢赫的著作《画品》中。六法包括：气韵生动，骨法用笔，应物象形，随类赋彩，经营位置，传移模写。中国画理论在此基础上逐渐形成了一个完备的体系。

气韵生动居"谢赫六法"之首，足以证明它的重要性。"气韵"中的"气"最初是指自然之气，在中国古代哲学中，"气"被认为是生命的重要组成部分。魏晋以来"气"又被视为一种与人的生命精神相关联的气质或神采的美。其实更形象地说，"气韵"也就是东晋人物画家顾恺之说的"传神"。"气韵生动"就是指画面中的形象要形神兼备，富有生命的活力。中国画中不仅要描绘出对象的外形，还要表现出它的精神。人物有精神，山水、花鸟也有精神。历代画家认为，没有气韵、精神的画是不能称之为好画的。

当然，艺术形象的气韵是与其他五法分不开的。骨法用笔，也就是中国画的用笔技巧，古代中国画以线造型，描绘对象的结构、体态、表情等，依靠线的准确性、粗细变化来表现物象的外形、体积；应物象形就是画家在描绘对象时，要顺应事物的本来面貌，用相应的造型手段把它表现出来；随类赋彩是指色彩的应用，要根据不同的描绘对象、时间、环境而使用不同的色彩；经营位置则是指构图和构思；传移模写常指传授、流布和临摹。

六法对作品中体现出来的内在精神与情感、笔墨造型、结构和色彩，以及构图和临摹都进行了精准的总结，后代画家始终把六法作为衡量作品高下的重要标准之一。

什么叫意境？

这里所说的意境就是艺术作品给人的一种审美境界，要体会它，主要靠观者的体验和感受。在传统绘画中通过对自然物象的描绘，在情与景高度融汇后所体现出来的艺术境界就是意境。它在中国绘画评论中时常出现，是中国传统艺术审美思想的重要部分。

意境理论最先出现于文学创作与批评中。运用到绘画上，主要是在山水画得到迅速发展的五代和宋元时期，这时的山水画创作开始注重实境的描绘，并提出了"畅神""怡情"的思想，此后逐渐发展为对意境的注重和强调。宋元文人画家的艺术观念和审美理想，使传统绘画从侧重客观物象的描摹转向注重主观精神的表现。简单来说，就是画家不再机械地模仿自然，而是开始注重个体精神的表达，例如苏轼画的《枯木怪石图》。这种以情构境、托物言志的创作倾向促进了意境的理论与实践的进一步发展。

意境的构成是以自然空间物象为基础的，这一点不但是创作的依据，而且是欣赏的依据。中国画的意境，就是画家通过描绘景物表达思想感情所形成的艺术境界。它能使欣赏者通过联想产生共鸣，思想感情受到

枯木怪石图　北宋　苏轼

感染。意境既不是客观物象的简单描摹，也不是主观意念的随意拼合，而是在自然美、生活美和艺术美三方面取得高度和谐的体现。

中国传统绘画讲究的是意境美，追求意境的表现是中国传统美学思想的重要组成部分。中国传统绘画尤其是中国山水画更是如此，意境是山水画的灵魂。

什么叫画面布局？什么叫留白？

布局是指对事物的全面规划和安排，画面布局在现代绘画中往往叫作构图。布局在绘画中的作用就是构思、组织、安排画面中物体、背景和空白之间的相互关系，以便组成思想、内容与表现形式相统一的和谐画面。

绘画中的主体是画面表达的主要对象，也是画面的构图中心。陪体、前景、背景，甚至空白都是主体的衬托。画家通过主观的构思和安排，把各部分有机地组合在一起，突出主体特性和内涵，从而表现主题思想。

国画中常用一些空白代替水、云雾、风等景象，这种技法比直接用颜色来渲染的表现方式更含蓄内敛，给读者留有想象的空间，这就是我们所说的留白。留白可以使画面构图协调，减少构图太满给人的压抑感，进而很自然地引导观众将目光专注于主体，取得以少胜多，此处无声胜有声的审美效果。绘画需要留白，艺术大师往往都是留白的大师，方寸之地亦显天地之宽。如南宋马远的《寒江独钓图》，只见一叶小舟，一位老渔翁在垂钓，整幅画中没有刻意画水，却让人感到烟波浩渺，给人以想象之余地，让人体会到苍茫、幽远、孤独的意境。

留白是书画艺术创作中为使整个作品的画面、章法更为协调，而有意留下的空白，也是其他艺术作品创作中常用的一种手法，极具中国美学特征。

寒江独钓图　南宋　马远

什么是文人画?

文人画,泛指中国文人、士大夫的绘画,它与民间和宫廷绘画有着不同的表现手法和审美意趣。唐代王维开创了水墨画的先河,被认为是文人画始祖。文人画多回避社会现实,常取材于山水、花木,借以抒发个人"性灵";文人画标榜"士气""逸品",讲求笔墨情趣,不求形似,强调神韵,并且重视书法、文学等修养及画中意境的表达,这对传统美学思想及水墨、写意等技法的发展有很大影响。

近代著名画家陈衡恪认为"文人画有四个要素:人品、学问、才情和思想",并解释文人画"不在画里考究艺术上功夫,必须在画外看出许多文人之感想"。这说明文人画是一种综合性艺术,集文学、书法、绘画及篆刻艺术为一体,是画家多方面文化素养的集中体现,尤其和书法的关系极为密切。画中的点、线和笔画间的组合不但是构成艺术形象的基本元素,而且是具有独立审美价值的欣赏对象。运笔的疾徐轻重、点线的疏密粗细所形成的特有的节奏和韵律,要能体现出画家创作过程中特有的心态、气质和个性,并将这些与所表现的事物的形神有机地结合起来,做到心手相应,意在笔先,追求内在神韵。可以说文人画中带有文人情趣,流露着文人思想。

总之,文人画家多是能诗善词之人,或是任性率真的书法家,或是重情操、有学识的读书人。文人画在笔墨表达上是诗情画意的,简洁淡雅的,清新飘逸的;在色彩上是重水墨轻艳丽的;在线条上是洒脱不拘的;在题材上是富于自然野趣的。文人画家在表达自然之美的同时,也流露着对生命的独特感悟。

什么是界画？

界画，是中国画中的一种，指以宫室、楼台、屋宇等建筑物为题材的绘画，也称"宫室"或"屋木"。与其他类型的中国画不同，中国传统界画的表现对象主要是建筑，所以一般需要用界尺引笔，以使所画之线横平竖直，这也是它之所以被称为"界画"的原因。

界画与其他画种相比，有一个明显的特点，就是要求准确、细致和工整。界画形象科学地记录了古代建筑及桥梁、舟车等，较真实地保留了当时的生活原貌，其意义早已突破了审美的范畴，并具有重要的历史参考价值。

早期画在纸、绢上的界画，如今已经无法看到，然而在敦煌壁画和唐代墓葬壁画中却经常看到。经过不断发展，宋代界画达到高峰，出现了一批杰出的擅长界画的画家。北宋郭忠恕对界画的发展做出了杰出的贡献，他的《明皇避暑宫图轴》工整而不呆板，繁茂而不杂乱，给人清俊秀

明皇避暑宫图轴　北宋　郭忠恕

汉宫秋月图　清　袁耀

逸之感。宋张择端名作《清明上河图》常被归为"风俗画"，事实上，它很大程度上属于界画的范畴。画家除了描绘诸多人物，还重点画了很多房屋、楼阁、桥梁、车船等。这都给我们研究宋代历史提供了丰富的历史资料。

宋元以后，文人画日渐兴盛，界画逐渐被认为是工匠所为，地位日益低下。元代汤垕曾说："世俗论画，必曰画有十三科，山水打头，界画打底。"界画在当时的地位可见一斑。而清代袁江、袁耀叔侄二人却打破了世俗的偏见，将日益衰落的界画重新振兴起来，堪称界画领域承前启后、继往开来的一代宗师。"二袁"在继承前人传统的同时，又将山水楼阁界画进一步发展，把工致的青绿山水和精密的界画巧妙地结合起来，创造了独具一格的山水楼阁界画。

什么是"曹衣出水"与"吴带当风"？

"曹衣出水"和"吴带当风"是古代人物画中对衣服褶纹进行处理的两种不同的表现方式。前者笔法劲健稠叠，所画人物衣衫紧贴在身上，犹如刚从水中出来一般；后者笔法圆转飘逸，所绘人物衣带有迎风飘舞的感觉。

　　"曹衣出水"又称"曹家样"，是北齐时的曹仲达创造的人物衣物褶纹画法。《图画见闻志》中记载曹仲达的人物画，衣服褶纹细密工致，下垂成圆弧状，讲求线之间的疏密排列变化，线条紧贴躯体，宛如刚从水中湿淋淋地走上来一样，所以命名为"曹衣出水"。唐代又将曹仲达的这种人物画风格称为"曹家样"，与张僧繇的"张家样"、吴道子的"吴家样"、周昉的"周家样"并列，被奉为典范。这些样式都对佛教人物绘画及雕塑产生了重大影响。

　　唐代画家吴道子善画佛像，其笔势圆转，所画人物的衣袖、飘带因有迎风起舞的动势，故有"吴带当风"之称。在技法上，他创造了一种波折起伏、错落有致的"莼菜条"式的描法（兰叶描），突出了人体曲线和衣物纹理的自然结合，加强了描摹对象的分量感和空间感。这种"天衣飞扬、满壁风动"的"吴带当风"画风在唐代非常盛行。

　　吴道子所画人物的衣带临风飞扬，飘逸洒脱，所画的壁画更是充满动感。简单地说，吴道子画的人物是运动的，是有速度的。这好比时下

八十七神仙卷　唐　吴道子

的武打片，利用鼓风机让演员衣袂飘飘，从而产生一种"风动"的效果。但吴道子用的不是鼓风机，而是毛笔。

吴道子在壁画、山水、人物等方面都取得了卓然超群的成就，他善于从复杂的物体形态中吸取精髓，不断创新。此外，吴道子画人物还善于把握传神的法则，注意形象整体的塑造，人物十分传神生动。代表作有《送子天王图》《八十七神仙卷》《地狱变相图》等。他的绘画艺术对唐代和后世绘画都有着深刻影响，被后世尊为"画圣"。

什么是"黄家富贵，徐熙野逸"？

雪竹图　五代　徐熙

"黄家富贵，徐熙野逸"是宋代郭若虚在《图画见闻志》中对黄筌、徐熙二人画作的评价，说的是五代时期两大风格迥异的花鸟画画派，又被称为"徐黄异体"。

徐熙、黄筌两位画家的画风差异很大，徐熙的作品多表现山野风物，采用写意画法，画风恣肆潇洒；黄筌则多画宫中珍禽异兽，画风工整艳丽，二人对后世花鸟画的发展有很大影响。徐熙是"江南处士"，所见无非江湖间汀花、野竹、水鸟、渊鱼或者园蔬药苗之类；黄

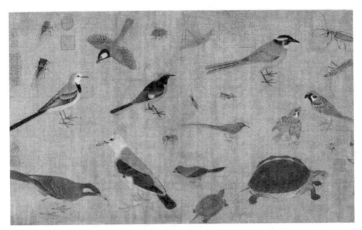

写生珍禽图　五代　黄筌

筌年少即入宫中画院，长期见到的是宫中奇花怪石、珍禽瑞兽。二人居住环境不同，生活感受各异，意趣也大相径庭，所以取材侧重不同，呈现出的艺术风格也各成一家。

"黄家富贵"，又称"黄筌画派""黄派"，在中国花鸟画史上占有重要地位。黄筌画技高超，善于汲取前人的经验，独创了格调高雅的画风，是深得统治阶层喜爱的御用画家。他的儿子黄居寀、黄居宝传承家风，成为两宋时占统治地位的花鸟画派别代表。黄筌作为宫廷画家，勾勒精细，用笔工整，先以细挺的墨线勾出轮廓，然后填彩，设色富丽堂皇，画成后惟妙惟肖，后人评为"勾勒填彩，旨趣浓艳"，故有"黄家富贵"之称。

"徐熙野逸"，也称"徐派"，以徐熙为代表。徐熙虽是江南一介布衣，但志节高尚，放达不羁，他画的汀花野竹、小鸟渊鱼、草木虫兽，都妙入造化。他独创"落墨法"，画风朴素自然，清新淡雅。徐熙的作品墨骨勾勒，淡施色彩，具有随性潇洒的风格，故后人称之为"徐熙野逸"。徐氏的笔墨技巧，对于后世影响很大，到明代逐渐发展为水墨写意花鸟画。他与黄筌一起影响了宋、元、明、清几百年的花鸟画坛。

"马一角，夏半边"指的是什么？

南宋画家对五代、北宋的山水、人物画进行了重大变革，创立了南宋的"院体"画风，形成了鲜明的时代特色。其中以马远、夏圭的绘画构图最有特色。

马远出生于丹青世家，他继承家学，取法李唐，青出于蓝而胜于蓝，自成一派。他画山石多用大斧劈皴，方硬多棱角，水墨苍劲，渲染不多，但注重浓淡层次的变化。由于画面上常出现山之一角或水之一涯，其他景物、人物多略去不画，使得马远获得了"马一角"的雅号。

夏圭与马远同创苍劲水墨一派，但又有各自的风格。夏圭好用秃笔，所以他画的墨线更为浑厚含蓄。他画斧劈皴，先用水涂抹，然后用墨皴擦，所以夏圭的山水画，水墨交融，淋漓尽致，充满生趣。他画的江南风景，具有清远明秀的特色。他在构图上喜欢取半边之景，侧重一隅，多用留白使意境开阔，故被称为"夏半边"。

这种以一斑而窥全豹的艺术手法，使主体更为突出，整体简洁洗练，有效地利用边角相互呼应，保持平衡感。画面虚实对比强烈，以很少的景物来衬托意境，而不是直接用景

梅石溪凫图　南宋　马远

溪山清远图卷　南宋　夏圭

物去"画"意境。如马远的《寒江独钓图》，画面除一叶扁舟上一位垂钓者之外，只画了寥寥几笔水波，其余全是空白，却创造出一种辽远空旷、荒凉冷漠的意境。为观者想象的驰骋提供了广阔的天地。二人的山水画风，左右了南宋150余年的画坛，对后世有很大的影响。

什么是"米氏云山"？

"米氏云山"又称"米家山水"，是由北宋书画家米芾开创，其子米友仁继承和发展的山水画风。米芾改变传统的绘画程式和技法，以追求新的趣味。他借鉴了董源的山水画法，根据其对江南山水的亲身感受，用水墨挥洒点染来表现烟雨掩映的江南，开创出"米氏云山"。

　　说起米芾，都知道他是宋代的大书法家。他才华过人，书法博采众

春山瑞松图　北宋　米芾

长，自成一家，用笔变化多端，有"八面出锋"的美誉。

米芾在山水画上的成就较大，他不喜欢危峰高耸、层峦叠嶂的北方山水，而是倾心于江南水乡瞬息万变的烟云雾景，以及天真平淡、不装巧趣的自然风貌。米芾在艺术风格上追求自然，在自然的审美意趣之外，他大胆抛弃以线条皴法为主的传统形式，基本以点组织画面，以大量的横点叠积画成烟云变幻的山林。米芾画作中云与山的虚实变幻，需要充分发挥笔墨的运用效果，《春山瑞松图》就是这样一幅水墨淋漓的代表作。这种笔墨方式对水墨山水的发展影响很大，是北宋中期山水画变革的主要形式之一。

米友仁是米芾的长子，他能书善画，继承发展了米芾的画风，两人被世人称为"大米、小米"。他画山水"点滴烟云，草草而成"，自题为"墨戏"，以点墨来表现江南山川景色，不求修饰，崇尚天真。米友仁的《潇湘奇观图》卷，描绘了雨后山水的烟雨蒙蒙、变幻空灵，在一定程度上反映了文人士大夫的审美情趣，开创了文人画的新局面。

潇湘奇观图（局部）　北宋　米友仁

民间为什么称画工为丹青师傅？什么是丹青？

中国画又称"丹青"，同京剧、中医等一样，也是我们的国粹。为什么中国画叫"丹青"而不叫别的？那是因为在我国古代朱砂和石青两种颜色的使用最为普遍，丹青遂成为中国绘画艺术的代称。《汉书·苏武传》就有"竹帛所载，丹青所画"之语，而这里的"丹青"就指的是中国画颜料。《晋书·顾恺之传》说顾恺之"尤善丹青"，这里的"丹青"指的则是绘画。古人把优秀画家称为丹青妙手，民间则称画工为丹青师傅。

朱砂的粉末呈红色，着色后可以经久不褪，我国利用朱砂做颜料有悠久的历史。封建社会的历代帝王利用朱砂书写的批文叫"朱笔御批"，目的是为了看着醒目和长期保存。石青也是一种矿物质颜料，颜色自然柔和，高贵华丽。二者都是矿物质颜料，比植物性颜料保存的时间长，因此常用来比喻坚贞，如丹青不渝等。

矿物质颜料

又因为丹册多记勋，青册多记事，故"丹青"也常指史册。

款式与装裱

好的书画装裱要有哪些基础工序？

装裱是对中国书画、碑帖保存和装饰的一种特殊技艺。古代把装裱叫作"裱背和裱面"，又称"装潢""装池"。

俗话说，"三分画，七分裱"。裱画对于传统的字画来说非常重要，相当于给它们穿上了一件好看的衣服，既保护了字画，又有装饰的作用。装裱一般是在书画作品完成后用帛、绫、布、绢、宣纸等材料，经过调浆、托背、上墙、加条、裱绫、上轴、加签等数十道工序，将作品装裱成合适的形制，使之成为一件更加完美的艺术品。

概括而言，这里有三个重要的装裱工序，即托、裱、装。托是书画装裱的第一道工序，是裱的基础。简言之，两层以上的材料黏合叫作托，具体讲，是指画心与纸的黏合，纸与纸的黏合，绫、绢、锦与纸的黏合。裱是指将托好的画心裁标准后，在其周围用绫、绢、锦或者纸等装裱材料给镶嵌起来，并且覆背加厚。装，是揭起画心并处理光洁，再装轴杆的工艺过程。

装裱书画是我国具有民族传统的一门特殊技艺。装裱既能保护作品，又能让作品焕发光彩，便于欣赏、收藏和流传。

常见书画装裱品式有哪些？

裱件品式，原是根据画心的大小、形式，以及裱件用途而做的装裱样式。我国传统的书画装裱品式多种多样，大致可分为卷、轴、片、册四大类。

第一类，立轴，是最常见的一种书画装裱款式，又称"挂轴"，可以自上而下悬挂供人观赏，一般为长条形单幅。立轴除画心外，一般由隔水、天头、地头、惊燕、诗塘、天杆、轴杆、轴头等构成。根据画心及装裱尺寸的大小，立轴又分为大轴和大中堂。一般情况下三尺以下的画心装裱成的立幅称为立轴；四尺以上的画心装裱成的立轴称为大轴，俗称中堂；特大者称为大中堂。另外，根据装裱款式和材料的不同，又分为一色裱、二色裱、三色裱、宣和裱等。

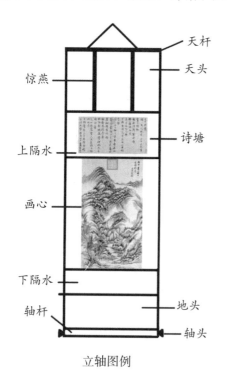

立轴图例

第二类，屏条，是竖式悬挂的成组的条幅，是在隋唐时"屏障""屏风"形制的基础上演变而成的。分独景屏和多景屏。

屏条通常是四幅以上成双组成，有四条屏、六条屏、八条屏、十二条屏、十八条屏、二十四条屏等。题材多按春、夏、秋、冬景，梅、兰、竹、菊图，书法的正、草、隶、篆等多幅连贯成一套，或按十二个月份连贯成一套。还有一种形式称为通景屏，是以数幅笔意和构图相连的屏条组成一个整体画面的连屏。通景屏一般不装轴头。

第三类，手卷，也有长卷、卷轴、手轴等叫法。形式为横幅，画面窄长，不能悬挂，因只便于用手展开和卷合，故名手卷。如张择端《清明上河图》即为手卷装裱。手卷为横式装裱，是我国古代文化典籍和书画装裱最早出现的一种形式。手卷在所有的装裱形式中，结构最为复杂，装裱难度最大。

第四类，册页，源于唐，当时称"叶子"。不论活页、通页，每页称为一开，统取偶数。少则四开、八开、十开、十二开，多则十六开、二十四开。册页装裱十分讲究，一般封面、封底版面用锦缎包镶，前后添加副页。

除了上述常见的四类，传统书画装裱品式还有横披、斗方、镜片、折扇、团扇等。

立轴

49

书画里的中堂和官阶有联系吗？

中堂陈设图片

在一些清宫戏剧中经常听到"中堂"的称呼，这是因为清朝的宰相在中书省内办公。清末的大臣李鸿章被称为"李中堂"。"中堂"在唐宋时是宰相的别称，因为宰相在中书省内办公而得名，后也称宰相为"中堂"。到清朝时，朝廷重臣已常被称为中堂了。这里说的"中堂"是书画装裱的一种形式。

中堂是指挂在厅堂墙壁正中的字画，为立轴装裱。中堂分为大中堂和小中堂，画心一般不小于四尺整张。大都是竖行书写或绘制的长方形作品，再在左右配上"对联"，以求和谐统一。中堂的内容多为祖训、格言、名句题字或者祖先肖像、山水、飞禽猛兽等。

过去的中国民居堂屋常见的陈设是：正中摆一条几，条几后面墙上挂中堂画，中堂两边是一副对联。条几前边摆八仙桌，八仙桌两边放两把太师椅（圈椅），形成严正、端庄的气氛。所以，书画界也常说的中堂，是因为挂在堂屋的中间而得名的。

书画作品该怎么落款？一般包含哪些要素？

落款是中国书画一种独特的风格元素。尤其到了元代，落款、题诗、写跋更成为一种惯例。诗书画印四种元素交相辉映，成就了中国书画独特的艺术魅力。

一般书法作品的落款是指除正文内容以外的书写内容。落款包括：正文内容的出处、赠送对象、创作缘由、创作时间、作者姓名字号等。落款有双款、单款两种。双款是将书画受赠对象与作者分别落在上方和下方，前者为上款，后者为下款。在安排落款位置时，上款应比较高，以示尊敬之意，上款写明作品的名称、出处、受赠人的姓名、谦辞，下款记述创作年月、创作地点、作者姓名、谦辞等。

落款中有下款没有上款的称为单款，单款有长款、短款、穷款之分。长款上有创作时间、名号、地点，并在前面加上作者创作这幅作品的感想或缘由。短款一般只落正文出处、时间、名号、地点等其中几项。落款时，作品空白较多或出于构图的需要，可以落长款。如果作品内容较

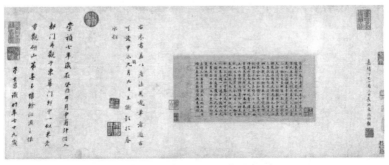

蜀素帖（题跋）　北宋　米芾

满，则需要落短款。如果余纸不多，留白太少，也可以只落作者的名号，称为"穷款"。

书画同源，国画的款识只在谋篇布局上与书法略有不同，其他均可通用。但在宋代或者更早，画家是不会在画作的显眼位置题字的。当然，也有落款的，通常只写画家的姓名，而且还是藏起来的，一般人不会发现。直到元代以后，文人画盛行，很多文人带着国破家亡的仇恨以及精神的压抑，开始通过绘画表达思想情感，落款的内容就变得越来越重要，也就形成了在国画上落款和盖章的习惯。绘画形式若是写意，则多用行草书落款，以显得流畅洒脱，工笔则多用楷书或者隶书，以彰显端庄大气。

书画落款时需要注意的几点是：

1.落款可写成单行或数行。

2.落款书体一般不能与正文相同。字体须明显小于正文。一般正文是隶，落款不用篆，正文是楷落款不用隶，正文是行草落款不用楷书。落款所遵循的一般原则是"文古款今""文正款活"。

3.落款题字不要与正文上下两边对齐。一般右边为上款，应略高于左边下款。

4.落款的称谓必须准确无误，用词宜表明尊重、谦逊之意。

书画家的名、字、号有什么讲究？

今天我们常说某某人叫什么名字，而大多数人只有一姓一名。但在古代，人们通常除了姓和名，还有字、号。

古人刚出生就取了名，长大以后要取字，两者相连，通称名字。古时候，名是阶段性的称呼，小时候称小名（乳名），大了叫大名（学名）。等有了字，名就成了应该避讳的东西，相互称呼时也只能称字而不叫名了。名与字尽管在阶段与用途上不尽相同，但二者之间是有联系的。如三国时期的诸葛亮，字孔明，亮和明是一个意思；又如爱国将领岳飞，字鹏举，鹏和飞相关。

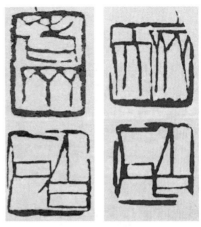

齐白石别号印章

古人除有名、字外，还会取号，以此来代替名字，号是一种固定的别名，又称"别号"。早期有号的人多是那些圣贤雅士，如陶渊明号"五柳先生"，李白号"青莲居士"。到了宋代，取号之风盛行，明清两代更把取号视为一种时髦。这类似于现代人给自己起的网名，一般代表了自己的兴趣爱好。取号通常不受字数的限制，如清代画家郑板桥的别号就有12个字，即"康熙秀才雍正举人乾隆进士"。有些人的别号有好几个，如清初画家石涛法名弘济，别号清湘道人、苦瓜和尚、大涤子、瞎尊者等。字、号往往能体现画家的性格、志趣、追求和抱负，是文人墨客志向和情趣的含蓄表达。例如石涛中年时厌倦京城生活，在目睹了社会的黑暗腐败后心灰意冷，之后定居扬州，想摆脱尘世纷扰，远离名利，于是自号"大涤子"，以示他洁身自好。

石涛别号印章

综上可知，我国古人的称谓有姓名和字、号。这种姓名、字、号的并存，既适应了当时人们在不同年龄阶段的需要，又为中国的姓名文化增添了丰富的内涵。

53

书斋、画室是怎么命名的？

古往今来，大凡文人墨客都要给自己的书房、画室起个雅名，这就是"斋号"。斋号的取名，既反映主人的个性与品性，又关联主人的寄情与爱好。你一定读过唐代诗人刘禹锡的《陋室铭》吧，"陋室"就是诗人的居室兼书房名，从文中你可以看出作者高洁的情操和安贫乐道的处世态度。

斋号的称呼往往采用建筑用词，形式多种多样。如：斋、堂、阁、轩、屋、房、居等。我们把书房称为书斋，是因为"斋"本义是斋戒的意思。古人认为读书是件清心凝神的事，该抱着一种虔诚的态度，因而书房多以"斋"命名。如王安石的"昭文斋"、蒲松龄的"聊斋"等。堂的特征是高大、宽敞、明亮，所以文人学者起斋名用"堂"者颇多。如纪晓岚的"阅微草堂"、张大千的"大风堂"等。阁，原本指置放物品的架子，后来阁延伸有楼的意思。如唐伯虎的"魁星阁"、刘海粟的"存天阁"等。轩，原指有帷幕的车子，后来引申为有窗户的长廊或小屋。如辛弃疾的"稼轩"。居，是居住的意思，书斋乃是文士生活起居的中心，因而文人书房不乏用居的，如叶圣陶的"未厌居"、启功的"坚净居"等。文人书房也常用"屋"或"书屋"命名，平实朴素，自有韵味。如郑板桥的"青藤书屋"。

斋号作为文人心灵独白的窗口，内容极富哲理和个性，蕴藏着深厚的文化内涵，是中国传统文化中的一朵奇葩。一个儒雅动情的斋号，可激励斋主终身奋进，也会让旁观者"睹物明志"。蒲松龄的"聊斋"成就了一部伟大的传世佳作——《聊斋志异》，张大千的"大风堂"让几代人赞美羡慕，多少人一掷千金也难寻他的一幅画。丰富的斋号，能从不同的侧面和角度展示文人墨客的思想感情、人生感悟和性格趣味，折射出各个时代的文化艺术倾向。

"大风堂"印章

此外，有的画家把斋号刻成印信，作为书画闲章。比如"大风堂"印除了在张大千的作品中使用，也多见于其收藏的书画之中。

为什么学印常以汉印为宗？

篆刻艺术是章法、刀法与书法的融合，一方印中既有虚实结合的绘画布白，又有隽永灵动的书法线条，同时兼具生动朴拙的雕刻刀法，方寸之间，气象万千。

我们常听说"印宗秦汉"，这是前人对学习篆刻取法乎上的经验之谈。汉印指的是汉至魏晋时期的印章。汉代的"将军印"和"满白文"，布局方正平直，浑穆端庄，历来为篆刻家所重。

汉印，在篆刻史上占有头等重要的位置。汉代官印的制作有完整的体系要求，印的名称、质料、钮制、绶色、章法、字数等都有严格的等级规定，这一体系化的印章制度使汉印非常规范。

受官印的影响，汉代私印形制也非常规整。

由于汉代"罢黜百家，独尊儒术"，导致中国文化界儒家思想一家独大，这自然也影响到印章的制作。因此，汉印最大的特征就是端正工整，规规矩矩，在章法上疏密有致，互不侵扰，处处彰显着政治的威权与规矩的森严。

规范的制作制度影响着印章的创作风格，儒家的文化影响着印章的审美取向，因此汉印印文多方正、清晰、淳厚、素雅。这种平实的创作方法，使汉印作品容易识别且方便使用，大大促进了印章文化的发展。这对于整个篆刻史，都是意义重大的。

篆刻有着悠久的历史，自元代赵孟頫、王冕以下，以至后来的沈周、文彭一脉，都受汉印的影响极深，因此对其极力推崇。

常见的书画印章种类有哪些？

中国传统文化历来讲究信义和礼仪，一枚小小的印章，在中国人的心中扮演着非常重要的角色。印章是中国书画家的随身伴侣，他们都习惯将自己的印章盖在作品上，作为款识，或补充画面构图，或寄托个人情感。

印章的种类繁多，我们这里主要说的是书画印章。从文字内容、治印材料、印章用途以及构成形式上看，书画用印章可分成多种类别。

1.印章按所篆刻的内容来分，可分为名章和闲章。名章印文刻人姓名、表字或号。名章之外，统称为闲章。

2.印章从印材来分，主要有金属印和非金属印。金属印有金印、铜印、铁印等，青铜是古玺印最常用的材料；非金属印有玉印、石印、砖印等。

3.从印章的用途来分，有专为取信，表明作者身份的姓名印；有用于钤盖书画作品或图书的鉴藏印；有表示居室名称的斋馆印；有表示年代的纪年印；还有大量表达印章主人祈望、胸怀、意趣、情思的所谓"闲章"，其内容包括吉语、诗词、警句等。

4.从印章文与底的关系来看，可分为阳文印和阴文印，又称朱文印、白文印。

另外，从印章的印面和结构来看，有单面印、双面印和多面印等。从印面形状看，又可分为方形印、圆形印、肖形印、异形印等。

钤印有什么讲究？

钤印，也就是我们通常所讲的"盖章"，是书画等作品在即将完成时的最后一个关键步骤，是东方艺术独有的艺术形式。钤印得当与否对一幅书画作品会产生不同的效果，若用印得当，便能够锦上添花，反之则会弄巧成拙。

怎样钤印，需要精心斟酌，认真对待。通常需要把握以下几点：

1.大小适宜：印章大小应该跟作品的篇幅大小相匹配，比题款字小一点，不能大于题款字，大了显得不雅致。如果落款字细小，纸的空间少，应用联珠小印，才显得自然周到。而当一幅作品钤用大小不一的两枚印章时，印章要上小下大，以求平稳，避免头重脚轻。倘属几人合作，几人印章大小亦应大致相当。

2.数量宜少：对于钤印数目，书画家自古喜欢用单数。有"用一不

乾隆田黄石三联章

用二，用三不用四，盖取奇数，其扶阳抑阴之意乎"的说法。印数不宜多，过多则易杂乱，甚至喧宾夺主。如果一幅作品用多个印，就需选择不同形式的印面，避免雷同。

3.位置恰当：钤印要特别重视位置。一幅作品，总有虚实、疏密之处。密处不够紧凑，可以用印章弥补；觉得疏处空荡，可以借印章充实。印章宛如挪动的小小"秤砣"，可起到均衡画面的作用。

款尾的姓名、字号，印的位置要准确，如果题款下留有空白，就钤在署款的下边；款尾印章与款尾姓名要保持适当间隔，既避免拥挤，又防止松散。此外，若一幅作品同时钤用引首章和压脚章，那么是忌讳排放在一边的。

4.轻重权衡：就印的视觉而言，大多情况下，朱文印分量较轻，白文印分量较重。墨色淡雅的作品，适宜钤朱文印，可保持两者和谐一致；墨色浓重的作品，适宜钤白文印，使红彤彤的朱色与乌黑的墨色产生强烈的对比，相映成趣。印文一朱一白、上白下朱可以匹配，同色的两枚则不匹配。若一幅作品钤用几个印，印色应该有主次，即多朱配少白，或多白配少朱，使之既有变化，又协调一致。

5.风格一致：印章的风格，应与作品的书体、风格协调一致。一般来说，盖两方印时同形印宜匹配，一方形一圆形的不宜匹配；同样大小的印宜匹配，一大一小不宜匹配。印章本身因刀刻手法及篆刻者所追求主观意趣的差异而风格不同，若是单刀直入的急就印章，不宜钤盖在工整秀丽的书画作品上；而奔放雄健的书画作品，也不宜钤盖娟秀工丽的朱纹印章。否则，便格格不入，直接影响书画作品的艺术效果。

除书画的作者会盖印章外，鉴藏者也会在作品上盖收藏印章。收藏者越多，画上的印章就会越多。但是他们在盖印章的时候都会选择在边边角角处，以免损坏画面、破坏观感。我们可以通过印章辨别画的真伪，也可以了解画的流转次序，这些是"传承有序"的见证。名家书画被收藏以后，收藏者在欣赏之时往往会情不自禁地盖上印章或者在画上题一次跋，盖章与题跋次数之多尤以清代乾隆帝为最。他盖的印章不仅大，而且经常盖在不该盖的地方，非常破坏画面。这就告诉我们喜欢作品也要用印有法，不然会贻笑大方。

为什么说"闲章不闲"？

闲章，是印章的一种，有别于姓名字号章。闲章一般镌刻吉言、诗句、格言或自诫的词语等。

在欣赏书画作品时，可以先从印章入手，从印章中来识别书画家的学识与修养。一枚好的闲章，除了供人玩味，还是篆刻家和书画家水平高低的无声展现。故有"闲章不闲"之说。

闲章也叫闲文印。闲文印常有深刻的内涵，既能反映主人的理想与情感，又能反映主人的趣味与人生抉择。闲章按照内容可分为五大类：吉语类、铭志自勉类、抒情感怀类、艺术观念（或追求）类、哲理类。

齐白石的闲章

每一类中都有不少寓意深刻又妙趣横生的经典之作。如郑板桥刻有一方"青藤门下牛马走"的闲章，表达了郑板桥对书画家徐渭的崇拜。清初画家石涛在其《黄山图》上钤"搜尽奇峰打草稿"印，意蕴深刻，准确地反映了艺术创作与生活的辩证关系，是画家作画的经验之谈。

闲章若钤在书画作品上，会与书画相互辉映，既能丰富书画的形式美感，又能深化作品的主题。如徐悲鸿先生在1951年创作的一幅《奔马图》，画面中，作者用酣畅洒脱的笔墨描绘了一匹奔驰的骏马，旁边题写"山河百战归民主，铲尽崎岖大道平"的诗句，画面上还钤了一方"自强不息"的闲章，可谓诗、书、画、印交相辉映，反映了作者对新中国成立的激动与振奋之情。

怎样选择书画印泥?

印泥是我国特有的文房之宝，无论是文件签署，还是书画的钤记，都需要使用印泥。它是书画家创作活动中不可或缺的物料，也是传达印章艺术的媒介。

书画印泥是将矿物、植物油、艾绒、天然香料等主要原料，经过精工检验、合理配方、手工捣揉制作而成。印泥常见的有朱砂、朱磦等，配方不同，色泽也有明显的区别。

印泥仿佛是印章的衣服。人若衣装不整，则会显得失礼。印泥质量的优劣，会直接影响到印章艺术的表现效果。好的印泥，红而不燥，沉静雅致，细腻厚重。钤在书画上则色彩鲜美而沉着，时间愈久，色泽愈厚重。而质地差的印泥，色泽灰暗或浅薄，有的甚至有油迹浸出，使印文模糊。

需要特别提醒的是，书画作品上用的印泥绝不能用文具店的化工印泥。天然印泥与化工印泥最主要的区别有两点：一是效果，天然印泥色彩沉着、细腻，化工原料难以达到这种效果；二是寿命，天然印泥钤印可长久保存，甚至几十年不褪色，而化工印泥则时间一长就容易掉色、渗油、变形。

一般盖印时要注意的是：蘸泥上章的时候，印面蘸泥宜厚薄均匀。盖章时纸下宜垫上平整的书本，如果印面是球面或者弧形，垫物宜略厚略软些。

总之，尽量选用质量好的书画印泥，才能达到印面清晰有神的效果，才能真实反映作者的构思与刀功。

为什么说好字画非良工不裱？

俗语有言：人靠衣装。同样，好的书画作品，如果能和好的装裱相得益彰、浑然天成，则会令字画更加雅致精巧。就像西方的油画，完成之后也要装进精美的画框里，使其能够达到更高的艺术美感。

装裱是我国特有的一种保护和美化书画作品以及碑帖的技术，一方面可以使作品更为美观，另一方面也便于保存、流传和收藏。究其缘由，是中国书画大多创作在容易揉皱的宣纸和绢类物品上。

正如人要量体裁衣，装裱书画更宜找高手，否则欲益反损。好的书画装裱者要具备相应的文化艺术素养和深厚的技术功底，对作品的装裱品式、颜色配置、材料选取、天地比例等都能很好地把控。古旧书画重裱，揭裱时尤其要慎重，一定要找那些经验丰富、技艺高超又认真敬业的装裱师。装裱人员只有把技艺提到一定高度，补救遗珍，才不至于将少有的古迹毁于手下。

关于书画装裱是否便于收藏这一问题，应具体情况具体分析。一般在几十年内，未装裱的书画如果保管得当，应比装裱过的书画保存效果更好一些。但有些书画质地属于拉力脆弱的竹料纸或极薄的棉连纸，或胶矾过多的熟纸、熟绢及其他笺纸类，这些书画极易残破或折裂，所以不可久存，应及早装裱。

收藏与品评

为什么说书法是心中之画？

书法是一种表现心灵情感的视觉艺术，蕴含着创作者独具的思想感情、精神气质和审美意识。古人"书为心画"的说法，是将书法艺术作品认作书法家思想意识、情感、德行、品藻的直接反映，这一观点对后世产生了深远的影响。

书法艺术是心中之画，是人对生命力的体验和展望，是人的情感的流露和表现。林语堂说过："在书法上，也许只有在书法上，我们才能够看到中国人艺术心灵的极致。"书法家把自己的情感倾注到书法线条上，线条的律动就是作者情感变化的表现。所以，书法极自然地成为与

丧乱帖　东晋　王羲之

人类情感活动最为贴近的视觉艺术。

试看王羲之的《丧乱帖》，颜真卿的《祭侄文稿》，苏轼的《黄州寒食诗帖》，都能感受到作者丰富的心理变化。尤其是颜真卿在书写《祭侄文稿》时，完全沉浸在激愤之中，将其他一切置之度外。线条的节奏随着情感的激荡而展开，情感随着意志闸门的打开而跳跃在黑白世界之中，二者相伴相随，融为一体。所以，书法作品是书写者气质、修养、性格的外在表现。

为什么中国画常常要包含诗、书、画、印？

对于一幅传统的中国画来说，把诗、书、画、印结合起来表现才更为完整。诗、书、画、印的结合，可以把几种艺术表现形态融为一体，相互辉映，既能丰富画面内容，又能提升画面境界，还能寄托情感、传递思想，给人以更愉悦的审美享受。这在西洋绘画中是没有的，这是中国画的独有魅力。

中国画早期很少有落款，甚至没有作者姓名。到了宋代，才有一些诗人兼书画家，喜欢在自己的画上写下几句心情日记（专业的叫法是题跋），或者作诗一首。自此，诗、书、画开始结合起来。到了元代，随着文人画的继续发展，印也被加入了绘画创作中。

在诗、书、画、印的结合过程中，书与画的结合最早，这是由于书画工具相同，在技法表现上有许多共同之处。所以中国画在技巧上的发展和书法不能分割，画家常常把书法精神渗透在作画的技法中。因而，自宋元以来，著名画家多数是书法家，这也成为中国画独特的民族风格。

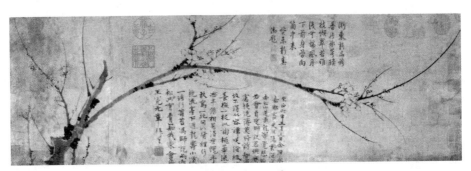

墨梅图　元　王冕

诗、画的结合可以使画面的内容更丰富，使静止的画面活跃起来，而诗也有了形象的凭借、想象的依托，因此，诗与画的结合使二者交相生辉。在画上作诗题款，也可以起到点题的作用。如人们面对一幅山水画或花鸟画，有时会很难理解画者的心思，但通过画上的题款，就比较容易把握作者的意图。

印章在篆刻时讲究字体、刀法、风格，是一门独立的艺术。但是钤在画上，就成为画面不可分割的部分了。盖印非常考究，要考虑整幅画的构图、色彩，对画面要起到呼应、对比、配合的作用。有时候画作的一边空了些，另一边又重了些，显得有些不稳。在空的一面盖上一印，用朱红的色彩一压，画面就稳住了，如此还会起到意想不到的效果。

诗、书、画、印的完美结合是中国文人画成熟的标志，体现了中国艺术的独特魅力。

为什么中国美术史上有"书画同源"的说法？

在中国美术史上一直有着"书画同源"的说法。书法和国画是两个看似不一样的艺术门类，一个是抽象的线条艺术，一个是具象的造型艺术。但从书画的起源看，两者可谓殊途同归。这一点，可以追溯到上古时期的仓颉造字。中国字是象形文字，最初的文字就是简洁抽象的图画，这就是很好的证明。

首先是工具材料相同。书法与国画的工具相同，都离不开毛笔、墨与宣纸。并且同样以线作为主要表现手法，书法中的点画连绵是线条，行气连势也是线条；国画中的白描勾勒是细线条，皴擦点簇是粗线条，可以说没有线就没有中国书画。

其次，二者都把笔墨视为精神内核，有共同的用笔用墨技巧。行笔和墨色的千变万化会使书画作品变得更有情趣、有气韵。中国画理论中讲究"骨法用笔"，这一理论同样适用于书法创作。线条是书画艺术的生命力，线条的表现力会直接关系到作品的成败，而"骨法"是用线条表现形体结构。

再就是书画艺术的审美都强调作品的气韵与意境。比如，我们欣赏一幅书法或绘画作品时，并不是先看局部，而是先观察整体和画面的起承开合、气势脉络，然后注意笔法，观察字的结体或画的层次。

有共同的起源，共同的工具材料，共同的精神内核，共同的审美与意境追求。从中我们可以看出中国书画是一脉相通的，二者都是人们表达情感、记录思想的一种手段。

"诗中有画，画中有诗"是什么意思？

"诗中有画，画中有诗"是中国传统艺术的美学思想，具有独特的东方审美趣味。可是诗是一种语言文字艺术，画是一种造型视觉艺术，二者的表现方式截然不同，在中国怎么会结合在一起呢？

纵观中国画史，最早实现诗画交融，开创"诗中有画，画中有诗"意境的是唐朝的王维。王维曾自嘲"宿世谬词客，前身应画师"，虽然我们今日已很难见到他的绘画原作了，但他的诗句脍炙人口，流传至今。王维的诗歌中体现了很多绘画的特点，《辋川别业》中"雨中草色绿堪染，水上桃花红欲然"两句，烟雨、湖水、绿草、桃花，这些景物清新明丽，虽是两句诗，但更像是一幅绿草如茵、桃花映水的雨中风景画。又如《山居秋暝》中"空山新雨后，天气晚来秋。明月松间照，清泉石上流"，山水相映，明月、泉水、青松和山石，有远景也有近景，有静也有动，读时就令人在脑际里浮现出一幅美丽的画卷。当然，以诗写景并非王维一人擅长，但在唐朝，甚至是整个历史上，集诗画于一身且皆出类拔萃者就不多见了。

提倡"诗中有画，画中有诗"的人里，说得最清楚的是苏东坡。苏轼在《书摩诘蓝田烟雨图》中曾这样评价王维："味摩诘之诗，诗中有画；观摩诘之画，画中有诗。"宋、元两个朝代，由于文人画家的参与，使得评画带有诗词的意味，诗和画的关联更为紧密——"诗是有声画，画是无声诗"。又如黄庭坚评价同时代画家李公麟："李侯有句不肯吐，淡墨写出无声诗。"

　　说"画中有诗"，就不得不介绍促使以诗入画的北宋画院考试制度。北宋皇帝宋徽宗赵佶喜欢绘画，他本身也是一位花鸟画家。他绘画时特别注重构图的立意和意境，所以在朝廷测试画家的时候常常以诗句为题，而应考的画家则按题作画择优录用。据说有一年的考题是"踏花归去马蹄香"，香是味道，是嗅觉体验，不是视觉的，看不到摸不到也不容易描绘。第一名的作品是蝴蝶逐马蹄而飞，这就把"香"字生动地描绘了出来。

　　总之，"诗中有画"，是指诗中应当有画的意境，使读者如置身图画当中，也形容诗的意境非常优美。"画中有诗"，是绘画要有诗的韵味，把诗的情感融入画面中，通过绘画形象地表达出来。观众看画时不仅可以看到画中的景色人物，而且可以体悟到无限的诗意和意境。中国传统诗画相融合的美，就美在了意境，这是很多西方绘画难以表达和体现的。

为什么常用"迁想妙得"评价作品的神采？

　　"迁想妙得"是东晋画家顾恺之提出的独特的创作理念，即通过想象获得最终的灵感。顾恺之在《魏晋胜流画赞》中说："凡画，人最难，次山水，次狗马，台榭一定器耳，难成而易好，不待迁想妙得也。"

　　"迁想妙得"既是指作画的构思活动，又是画家把握生活的一种艺术方式，更是艺术创作时画家的主观感受与客观景物的辩证关系。"迁想"是画家在艺术构思过程中，把主观情思转入客观对象之中，取得艺术感受。"妙得"为其结果，即通过艺术家的情感活动，使具体的景物转化为传神的、完美的艺术形象。总之，"迁想妙得"就是艺术想象，很像现在常用的术语"形象思维"。它概括了艺术创造、艺术表现方法的特殊性。

果熟禽来图　南宋　林椿

中国画的最高境界"气韵生动"，也需经"迁想妙得"而达到。一幅好画不仅要描写外形，而且要表现出内在的精神。比如要画好一幅花鸟画，画家不仅要细心观察自然，感悟自然，还要有内心的体会和思考，把握自然景物的精神气质，才有"妙得"。例如南宋林椿的《果熟禽来图》，就是画家经过长期思考观察，有情感触动才创作出来的。这种静逸平和、自在高雅的绘画正是因为投入了画家独有的思想感情，而成为有神韵、有生命力的经典之作。以至历经千年仍能让我们感受到那丝丝微风，幽幽果香，甚至是那一刻的鸟鸣声……

总之，"迁想妙得"追求的是"传神写照"。它强调意与境、形与神的融合，使欣赏者浮想联翩，意在画外。所以"迁想妙得"常被用来评价中国画的神采。

画家为什么常说要"意在笔先"呢？

"意在笔先"，是指写字画画或文章创作，应先构思成熟，然后下笔。此词出自传为晋代王羲之的《题卫夫人〈笔阵图〉后》："夫欲书者，先干研墨，凝神静思，预想字形大小、偃仰、平直、振动，令筋脉相连，意在笔前，然后作字。"

"意在笔先"往往用来形容创作书画作品的状态，与"胸有成竹"相似。是指作画之前，事物的形象特征早已了然于胸，甚至包括画面的意境、神思在作画前皆已经酝酿好了，然后下笔创作，作画才能一气呵成。

"意在笔先"也是创作之前的必备状态，意思就是想画什么，想写成什么样，创作之前心里要有数。总之，在创作之前，你想让作品或单字或通篇，呈现一种什么样的形态，表现一种什么样的心境，这个思考的过程就是"意在笔先"。

那如何做到"意在笔先"？这就需要有思考，有积淀。它要求艺术家既要有高超的技巧手法和丰富的艺术素养，又要具有很高的审美鉴赏力。通过细致观察，体验自然和社会生活，在创作一幅艺术作品之前一定要有预定构想，做到"意在笔先"，有的放矢，从而将"意"通过手中的笔、墨、技巧转化为作品，达到想要的境界。

"胸有成竹"的出处在哪里？

古代文人雅士大都爱竹，爱竹竿的中空有节，竹枝坚韧挺拔，竹叶常绿不凋等自然属性，爱它虚心亮节、潇洒挺拔的君子风度。他们咏竹、画竹、写竹，而今天我们要说的就是著名画家文同与竹子的不解情缘。

成语"胸有成竹"出自苏轼《文与可画筼筜（yún dāng）谷偃竹记》，"故画竹，必先得成竹于胸中"。这是苏轼怀念文同、赞美文同的经典故事。

文同，字与可，世人称文湖州，北宋著名画家，擅长画山水，尤擅画竹子。他是苏轼的表兄兼好友，与苏轼常有诗词往来唱和。"胸有成竹"这个成语就是源于他画竹的思想。

墨竹图　北宋　文同

故事发生在宋神宗年间，文同时任洋州（今陕西洋县一带）知州，洋县西北有个筼筜谷，谷中竹子众多。文同曾在这个山谷中筑造亭台。他很喜欢竹子，经常在山谷竹林中散步，仔细观察竹子生长的情况、枝叶伸展的姿态、竹笋成长的细节以及竹子在四季中的变化。他对竹子非常熟悉，闭上眼都能想出竹子的样子，一有时间就在家里画竹子。他画的竹子栩栩如生，远近闻名，许多人千里迢迢赶来请他画竹。晁补之是文同的知心朋友，常和文同喝酒赏竹，也最爱看他画竹。有一位年轻人想向文同学习画竹，先向晁补之请教文同画竹的秘诀，晁补之说："当他画竹时，心里面已经有竹的影子了，这就是他独到的地方。"

文同画竹与众不同，他创立了深墨为面、淡墨为背的墨竹画派，后世称"文湖州竹派"。同时代的苏轼，元代的李衍、赵孟頫等名家，都是湖州派的继承者，其影响可见一斑。元代以后墨竹逐渐成为文人画的一个重要题材。

"外师造化，中得心源"是什么意思？

"外师造化，中得心源"是中国绘画艺术的重要理论，是中国画中写生与创作的核心思想。

这里的"造化"，即大自然，"心源"即作者内心的感悟。"外师造化，中得心源"就是说艺术创作来源于对大自然的学习，以自然为师。画家把客观现实的形神与主观的情思有机地统一起来，完成中国画的创作。"外师造化，中得心源"理论在中国画艺术创作中被广泛运用，体现了中国画创作的艺术特征，对中国画千百年来的发展起到了积极的影响。在一定程度上，它可以说是中国艺术的纲领。

"外师造化，中得心源"，这八个字概括了客观物象－艺术想象－艺术形象转化的全过程。这就是说，艺术是来源于自然界的，必须以自然美为源泉。但是，这种自然美在成为艺术美之前，必须先经过画家主观情思的熔铸与再造。艺术美必须是客观自然的形象与画家主观的情思有机统一了的东西。艺术作品所反映的客观现实必然带有画家个人情感的烙印。

中国画不只是要再现自然，而是要观察自然、写生自然，将自己的艺术思维融入画中，追求对自然的意象性表现。近现代著名画家傅抱石在创作山水画时，就曾潜心研究传统，深入观察巴山渝水。他曾感慨万千，说："四川是最可忆念的一个地方。我没入川以前，只有悬诸想象，现在我想说：'画山水的在四川若没有感动，实在辜负了四川的山水。'……以金刚坡为中心周围数十里是我常跑的地方，确是好景说不尽。

一草一木、一丘一壑，随处都是画人的粉本。烟笼雾锁，苍茫雄奇，这境界是沉湎于东南的人胸中所没有和所不敢有的。"面对草木葱茏的蜀地风光，傅抱石将山水画改革的方向从传统"线"的形式转至"面"，所谓"散锋笔法"便在"外师造化"与"中得心源"的心手相印中应运而生了。这时是抗战期间，傅抱石在此寓居八载。在这八年里，画家以超常的勤奋和无限的热情，成功地创造了自己独特的艺术语言，以前无古人的"抱石皴"令画坛为之一振。

万竿烟雨　近现代　傅抱石

总之，"外师造化，中得心源"理论就是倡导画家要以自然为师，学习自然、师法自然，更要深入自然、深入生活，体味自然之理，并在理解的基础上融入自身的心思、情感和丰富的想象，创造出感人的艺术形象。

"搜尽奇峰打草稿"的意思是什么？

"搜尽奇峰打草稿"是清代画家石涛对山水画创作的一种观点，出自《苦瓜和尚画语录·山川》。"搜尽奇峰"是指广泛收集山水素材，多观察自然，多从自然中获取和吸收。"打草稿"指的是对绘画素材勤于选择、构思和加工，更好地把握画理，注重体验和感受。

搜尽奇峰打草稿　清　石涛

　　石涛的这一书画创作观点就是强调创作书画作品应该多采集素材，多观察事物，才能迸发灵感，创作出奇妙作品。同时画作应该慢慢打磨，在反复打磨中不断摸索，以便将"搜尽奇峰"所产生的创作灵感和意境淋漓尽致地展现于作品当中，并在"打草稿"的过程中逐渐熔铸出境界。懂得"搜尽奇峰"是懂得自然，多"打草稿"是能用苦功，自然、苦功相结合，则画必有大成。

　　石涛饱览名山大川，"搜尽奇峰打草稿"，形成了自己苍郁恣肆的独特风格，在当时就已经名扬天下。石涛善用笔法墨法，枯湿浓淡兼施并用，尤其喜欢用湿笔，通过水墨的渗化和笔墨的融合，表现出山川的氤氲气象和浑厚形态。石涛50岁时的名作《搜尽奇峰打草稿》，就是他把所见所闻所感都创作于一画之中，运用不同的笔法、皴法在山川、蹊径、林木之间自如穿梭所造就的佳作。画面中树木草叶在山石之间的丰富变化，打破了山峰的严实，使画面极具节奏感。石涛作画非常重视点苔，这幅画中的点苔尤具特色，漫山遍野布满浓淡干湿不同、形状不一、变化丰富的苔点，苍茫葱郁。整卷构图严密饱满，疏密关系严整中带有变化，山势的深远、平远、高远都表现得恰到好处，可谓石涛艺术的集大成之作，从中便可体会"搜尽奇峰，聚于一卷"的美妙。

"四君子"画是怎么表现君子风范的？

"四君子"是中国画的传统题材，指的是梅、兰、竹、菊四种植物，它的起源可上溯到晚唐，到宋代更为盛行。艺术家常借此来表达自己高

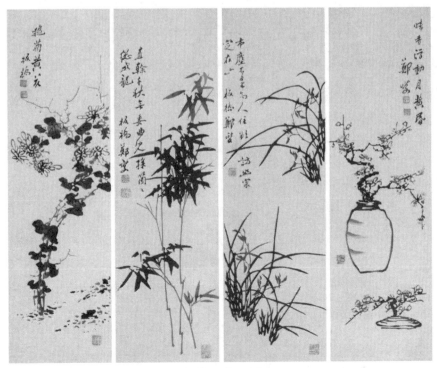

四君子图　清　郑板桥

洁的情操。

"四君子"是中国文化托物言志的象征，也是咏物诗文和字画中常见的题材。梅，凌寒而开，具有傲霜斗雪的特征，是坚韧不拔的人格的象征。兰，花朵色淡香清，并且多生于幽僻之处，故常被看作谦谦君子的象征。竹，挺拔向上，经冬不凋，节节生长并有空心等特点，常被看作刚直潇洒、不亢不卑、虚怀若谷的象征。菊，不仅清丽淡雅、芳香袭人，还不与群芳争艳，开于百花凋零后，故历来被用来象征恬然自处、傲然不屈的高尚品格。梅是不畏艰险、一身傲骨的高士，兰是深谷幽香、孤芳自赏的贤士，竹是清雅脱俗、潇洒淡泊的谦谦君子，菊是凌霜飘逸、超然世外的隐士。它们都象征着没有媚世之态、遗世而独立的君子。

梅、兰、竹、菊虽是植物，但这些植物的自然美都被赋予一种人格力量、道德的情操和文化的内涵。画家通过"四君子"寄托理想，表现自我价值和人格追求。因而"四君子"常常成为古人托物言志、寓兴自我、展示高洁品格的绝佳题材。

仕女画画的都是美女吗？

仕女画，是传统中国人物画的一种，形成于一千多年前的两晋时期。仕女画是人物画中以女性形象为描绘对象的绘画，并且在发展过程中，其表现领域也在不断扩展。

自魏晋以至明清，仕女画的表现范围已从最初的贤妇、贵妇、仙女等，进而扩展到了各个阶层、各种身份、各样处境的女子。顾恺之

簪花仕女图　唐　周昉

的《女史箴图》《洛神赋图》，代表了魏晋时期的仕女画风格，描绘的女子主要是古代贤妇和神话传说中的仙女等。而唐代画家热衷表现的对象则是现实中的贵妇，如张萱的《捣练图》《虢国夫人游春图》；周昉的《簪花仕女图》通过对劳作、理妆、游骑等活动的描写，向人们展现了当时上层社会妇女闲逸的生活及其丰富的内心世界。五代、宋、元时期，世俗、平民女子题材开始出现于画家笔下，如《韩熙载夜宴图》中的乐女、舞女。明清时期，戏剧小说、传奇故事中的各色女子则成为画家们最乐于创作的仕女形象，如唐寅的《王蜀宫妓图》等。

　　虽然在仕女画中出现的并不一定都是佳丽美女，但人们还是习惯于将仕女画称为"美人画"。仕女画画家们按照自己心中对"美"的理解来塑造各类女性形象，不同时代的画家对于"美"的理解不尽相同。如魏晋的"秀骨清像"，唐代的丰腴雍容，宋元的典雅清逸，明清的纤瘦娇弱。因此，一部仕女画史其实也是一部"女性美"审美的变迁史。

王蜀宫妓图　明　唐寅

为什么中国书画要按尺出售?

在中国的书画交易中，常听到"多少钱一尺"的说法。这里所说的"尺"即平方尺，是用来计算书画大小面积的。

尺是中国古代的一种长度单位，直至今天还在沿用。其实，书画作品以"尺"计价的交易方式，跟宣纸的成品尺寸有关。宣纸常见规格为三尺、四尺、六尺、八尺、一丈二尺、一丈六尺等，所以书画交易的时候，常依照书画大小、尺寸规格来定价。

中国书画作品以"尺"论价的历史始于何时，已无从考证。唐代就有"阎立本屏风一片值金二万，一扇值金一万"的说法。清中期，作为"扬州八怪"之一的郑板桥，辞官回乡卖画时，也曾列出自己的收费标准。即大幅六两，中幅四两，小幅二两，书条、对联一两，扇子、斗方五钱。民国时期，齐白石、张大千、吴湖帆等一大批书画家，

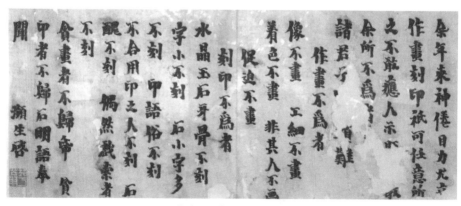

齐白石手写的润格单

他们也为自己的作品按"尺"制定了售价，我们把这种售价标准称为"润格"。

由此可见，中国书画按画面大小来买卖的历史源远流长。按"尺"计价卖画是一种确定书画家身价的方法，也是书画交易中约定俗成的、通俗易懂的计价方式。

齐白石手写的润格单

书画悬挂怎么做到"不露怯"？

悬挂字画既可以美化居室，又能体现主人的文化品位和艺术情趣。悬挂字画最重要的一点是要合乎常理和规范，这样才不致露怯。比如悬挂对联有上下联之分，上联挂在右边，下联挂在左边。有人悬挂时将上下联的位置颠倒了，这种不合规范的挂法明显暴露了主人的浅薄和无知。立轴是竖挂在墙壁上的画幅，都有画带，有人悬挂时，将画带耷拉在画幅的前面，这又是露怯的表现。再比如悬挂条屏作品，必须考虑次序，尤其是书屏，切不可颠倒位置，使语句不通。多景屏条有的在内容上有联系，如果是春夏秋冬四季山水屏，尽管它们各自独立，但也有固定次序，一定要按春、夏、秋、冬的顺序去张挂；梅、兰、竹、菊也是如此。

悬挂字画还有其他一些值得注意的问题，归纳起来就是三点：一要文雅，二要少而精，三要勤更换。

　　房内悬挂的字画一定要文雅。作为装点居室的字画，极能反映主人的文化素养和审美观点。作品不见得必须出自名家之手，却应有文人气息，如此可使居室生辉，亦显示出主人的高雅。

　　清代文学家李渔就主张悬挂字画宜"少而精"。其《闲情偶寄》一书中说，墙壁上少不了字画，但是悬挂太多，不留余地，就显得俗气了。一般厅堂适合悬挂大幅中堂，对联挂在书房才更具书香气息。在书房内挂字画不要过于艳丽花哨，也不可过于铺张对称。

　　一幅字画不要悬挂得太久，每隔一段时间要进行更换，房间里字画的及时更换可以使主人获得雅趣。否则，既有损于字画本身，又缺乏新鲜的感受。

　　总之，居室内悬挂字画要注意居室用途以及与周围环境的和谐，要注意与屋内家具的式样颜色相协调，以营造儒雅、清新的感觉。

中国书画有哪"四品"？

　　古人将中国绘画分为四个等级，即神品、逸品、妙品、能品。一般而言，中国画理论家都沿用"四品"说，但在逸品排行第一还是第二的问题上，却有不同说法。

　　"四品"的具体解释是什么呢？

　　神品——作品的立意非常高，画家的思路能与自然神明合拍，刻画事物的精神实质达到了至高境界。

　　逸品——笔墨技法达到极致而产生的无法之法的一种境界。它是"奇思异想"加上"妙手偶得"的结果。

妙品——笔墨非常精到美妙，技法娴熟，能够完全细腻地体察自然的玄妙和细微的变化。这是得心应手的有法之法。

能品——所画的对象非常生动，能够巧夺天工，惟妙惟肖。

其实"逸""神"并无高下之分，只有风格之别。神品更趋于庄严、厚重、神秘，有"居庙堂之高"之肃然，如范宽的《溪山行旅图》，像纪念碑一样屹立画史，使人敬畏；逸品更趋于简淡、悠远、清虚，有"处江湖之远"的超然，如倪瓒的《六君子图》，八大山人的"残山剩水"，像天边云雾间的一座孤峰，惹人追慕。二者如同杜甫与陶渊明的诗，可称前者为神品，后者为逸品，但究竟孰高孰低，将永无定论。

观赏手卷讲究什么？

手卷是中国画装裱样式之一，也称"长卷""卷轴"。手卷不仅体现了中国画装裱的特点，也是中国画的独有形式。

卷轴最早源自竹简。春秋时期人们将写有文字的竹木条片用绳串联成可以卷收的简册，后来随着造纸术和纺织技术的发展，人们用纸、绢等书写材料代替了竹木条片，却沿袭了这种卷书的方式，进而演化成为手卷。一幅完整手卷的装裱形式按顺序分为天头、副隔水、引首、正隔水、画心、隔水、题跋及拖尾等部分。

古人展玩手卷非常讲究。一边左手展开画卷，一边右手收卷起始部分。一段一段地看，一段一段地品。古人几乎没有全摊开看的习惯。手卷之所以称为手卷，就是强调了手的参与，而且过程相对私密。一般独自看，或三两知音一起欣赏、评点、题诗。另外，看画的环境也非常讲究，适宜在风和日丽、窗明几净的情况下细细品赏。

手卷的画幅是横向展开的，虽然画幅的高度有限，但长度可以充分延伸。画面容量之大，是其他绘画形式难以比肩的。长卷有它的特殊难度，难处就在于它的"长"。没有画家的凝练思维和高度艺术概括能力，不可能有《千里江山图》；没有长久的观察和精彩的处理，就不可能看到《清明上河图》里北宋都城汴梁丰富复杂、气象万千的景象。长卷里的场景转换、结构衔接、笔墨变幻等，都比其他艺术形式更复杂，也更难驾驭一些。中国画"笼天地于形内，挫万物于笔端"的特点，在长卷中也能体现得淋漓尽致。

手卷最有意思的地方是它背后的时空观念，即它的延续性。当莫奈完成了《日出》，凡·高画完了《星夜》，他们的绘画就完成了。一幅画的时间永远定格在这一刻。但中国画不一样，当画家画完，他可能还流连一番，题首小诗或写篇小文，后来有缘收藏的人，不断在前人的基础上进行题跋钤印，一幅手卷也不知要经历多少次装裱。由于参与的人越来越多，手卷也就越来越长，也许永远没有真正完成的那一天。

古人用手卷这种形式，鼓励后来人的参与，他们共同完成了长卷的创作。从这个意义上说，单纯对画心的研究和观摩，并不能构成真正对手卷的欣赏。了解手卷背后的美学传统及价值，包括了解题跋的意义，才能更好地欣赏手卷。

中国书画史上有女艺术家吗？"书坛两夫人"指的是谁？她们有哪些过人之处？

中外美术史上，成就突出的女性艺术家寥若晨星，但即便如此，仍有耀眼的流星不时划过以男性为主体的艺术天空。她们的作品同样成为历史的经典，其传奇故事在当下仍被传颂。晋代的卫铄和元代的管道昇并称"书坛两夫人"。

卫铄，是"书圣"王羲之的启蒙老师，她的笔法古朴肃穆，体态自然，为一代大家。其家学渊源深厚，师承著名书法家钟繇，尤其擅长楷书。卫夫人的书法，从笔法上看，熔铸了当时知名书法家的特点，借鉴钟繇、卫瓘的优势。她将钟繇的扁方形，转变成了长方样式，并主张书法要有筋骨，书法作品给人一种平和清丽的娴雅之风。传世的书论是

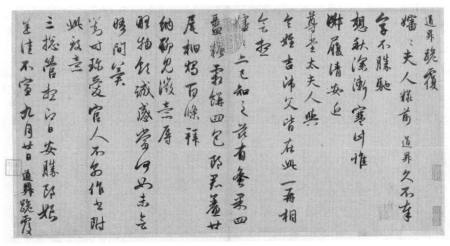

秋深帖　元　管道昇

鸥波亭图　元　赵孟頫　管道昇

《笔阵图》。

元代的管道昇是著名的书画家赵孟頫的妻子。她嫁给赵孟頫，既是喜事又是悲事。喜的是两个人情投意合，志趣相同，悲的是自己的才华被丈夫赵孟頫的名气给压住了，多数人知道赵孟頫，而不知道管道昇。管夫人的书法其实也受到了赵孟頫的影响，尤其是行楷书作品。管夫人的书法作品，整体上圆润飘逸，给人以秀润天成的感受。管夫人还擅长画墨竹，又对山水、佛像、诗文和书法很有研究。管夫人在书画界最大的贡献就是创立了晴竹新篁的书画风格。

书坛两位夫人的艺术成就各有千秋，让我们了解到中国古代女性的艺术才华，为我们留下了丰富的文化遗产。

乾隆皇帝的三希堂的"三希"是什么意思？存有什么稀世珍宝？

古语有"士希贤，贤希圣，圣希天"，即士人希望成为贤人，贤人希望成为圣人，圣人希望成为知天之人。"三希"一是鼓励自己不懈追求，勤奋自勉。二是解释为"珍稀"。古文"希"同"稀"，"三希"即三件稀世珍宝。

清朝乾隆皇帝酷爱书法，将自己的书房命名为"三希堂"。又将三幅珍贵的书法作品藏于故宫养心殿西暖阁，后称为"三希帖"，所谓"三希帖"就是王羲之的《快雪时晴帖》、王献之的《中秋帖》、王珣的《伯远帖》。

王羲之的《快雪时晴帖》全文共四行，28字，是王羲之四十岁之后的作品，因为帖内有"快雪时晴"几字而得名。此帖用笔洒脱，字体舒朗，动中有静，被梁武帝萧衍称为"龙跳天门，虎卧凤阙"，是王羲之行书中的精品，也是王羲之唯一存世的墨本真迹，现藏于台北故宫博物院。

王献之是王羲之第七子，书法

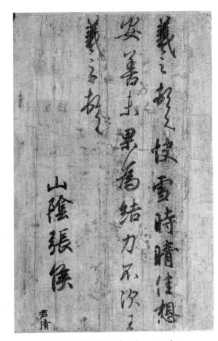

快雪时晴帖　东晋　王羲之

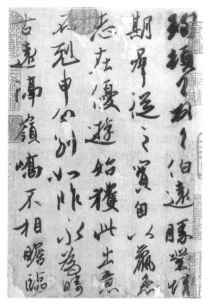

伯远帖 东晋 王珣

受其父影响，且又有创新。他将王体行书的笔法进一步升华和提炼，变结体内揠为外拓的体势，形成自己独特的风格。王献之的《中秋帖》传为米芾临本，原迹为王献之《十二月帖》，全文四行，共22字，是他五十岁后的作品，属便笺手札作品。其书体已接近草书，王献之用笔如行云流水，将字体处理得完美极致。此帖现在收藏于故宫博物院。

王珣的《伯远帖》全文五行，共47字，属于典型的晋代行书。内容是给亲友的书信。该帖的命名出自于帖内首句的"伯远"二字。《伯远帖》用笔灵动飞舞，为上乘的行草作品。现在收藏于故宫博物院。

以三人在中国书法史上的地位，作品的存世数量及艺术价值来看，"三希帖"的每一件都是稀世珍宝。

宋徽宗有哪些艺术成就？为何令人千年一叹？

陈寅恪说："华夏民族之文化，历数千载之演进，造极于赵宋之世。"而宋朝的文明巅峰，又在徽宗一朝。作为艺术家，宋徽宗把简约、素雅的个人气质融入书法、绘画、工艺、园林之中，影响了中国乃至周边国家千年的审美。

书法上，他创造出别具一格的"瘦金体"。其特点是点画瘦直挺拔，横画收笔带钩，竖画收笔带点，撇如匕首，捺如切刀，竖钩细长。细瘦如筋的长笔画，在首尾处加重提按顿挫。结构为中宫紧结，四面伸展，颇有瘦劲奇崛之妙。现存于台北故宫博物院的《秾芳诗帖》，是赵佶的得意之作："秾芳依翠萼，焕烂一庭中。零露沾如醉，残霞照似融。丹青难下笔，造化独留功。舞蝶迷香径，翩翩逐晚风。"这幅作品既是诗，又是书法，也可以想象成一幅"诗中之画"。

与"瘦金体"相契合的，是赵佶的工笔画。赵佶的绘画艺术成就，以花鸟画为最高。他的绘画极重写生，现存世的《写生珍禽图》《四禽图》，笔法简朴，不尚铅华，自然生动。《芙蓉锦鸡图》《瑞鹤图》更是丹青妙笔，惊艳千古。他不仅自己画，还创办画学、画院，培养了一批画家，包括名垂千古的张择端、王希孟、李唐等。

至于汝瓷、写诗、填词、丝竹管弦，就用不着多说了。而他对道教学说的研究，也是顶级水准。

芙蓉锦鸡图 北宋 赵佶

作为艺术家，他的才华被后人赞叹不已！但作为君王，他骄奢淫逸、昏庸误国，可以说是"靖康耻"的第一元凶！宋徽宗亲手缔造了艺术盛世，却在其最辉煌灿烂的时刻将王朝拖入深渊。这怎不令人扼腕叹息呢？

名家与名作

篆书"二李"是指哪两位书法大家？有什么优秀作品传世？

书史上谈到篆书，绕不开"二李"，即秦丞相李斯和唐玄宗时国子监丞李阳冰（世称少监）。两人相隔千年，却一脉相承，使小篆一脉得以流传，扬名古今。

小篆成熟于秦代，秦相李斯被称"小篆之祖"，从他书写的几块刻石，如《峄山刻石》《泰山刻石》《琅琊台刻石》等，可以看到他的书法高度与功力。秦代之后，小篆渐趋衰微，两汉、魏晋南北朝没有出现名家名作。直到唐代李阳冰出现，局面大为改观。唐代《续书评》中赞誉他是李斯之后千古一人。"二李"（李斯、李阳冰）之名自此流传开来。

秦始皇一统天下后，推行"书同文"等政策。秦相李斯将籀文改造，创为小篆，并颁布天下施行。他的代表作《峄山刻石》运笔流畅，线条圆润，结

峄山刻石　秦　李斯

构匀称，字体呈长方形。既具有图案的对称美，又有书法线条的劲健美，令人叹为观止。

秦灭亡后，篆学日衰，几百年无人振兴。到了唐玄宗开元年间，李阳冰的出现，使篆书衰颓的局面得以改善。他最初取法李斯的《峄山刻石》，后来遍临篆书碑刻，并不断研习创新，逐步形成个人风格，成为唐代"小篆第一人"，他的代表作有《小篆千字文》等。他对秦篆进行了改革，线条上变平整为婉曲流畅，柔美多姿；结体上更圆润瘦劲，清秀美观。李阳冰的小篆在篆书中起到承上启下的作用，联结了秦篆以来的断层，让小篆在书法体系中占有一席之地。他的书法风格在唐代受到推崇，篆书对后世的影响很大。后世张旭受到过李阳冰的影响，现在还有很多人取法李阳冰的小篆。

书法"二李"虽所处时代不同，但都是篆书大家，他们的篆书是书法艺术宝库中的明珠，值得我们欣赏、研学。

唐代书法家张旭的传世名作《肚痛帖》是在什么状态下创作的？

张旭是书法史上极为重要的一位书家，被后世尊为"草圣"，他的书法造诣被认为可以和李白的诗歌水平相比肩。他与怀素齐名，并称为"颠张醉素"。相传唐文宗曾发出一道诏书，称张旭的草书、李白的诗歌和裴旻（mín）的剑舞为天下的"三绝"。张旭性格豪放，喜好饮酒，不拘小节。杜甫在《饮中八仙歌》中，将其与李白、贺知章等人共列为"饮中八仙"。"张旭三杯草圣传，脱帽露顶王公前，挥毫落纸如云烟"，生动形象地描写了张旭饮酒后，在王公面前脱帽露顶、挥毫作书的场景。

张旭的书法初学张芝、王羲之、王献之，后又融入自己的风格，变为潇洒磊落、变化莫测的狂草。他的狂草虽然癫狂自由，但并没有失去章法，是可以辨读的。这种以自然天性为追求的创作风格，开创了浪漫主义书风，符合当时的审美趋向。他的草书作品有很多，如《古诗四帖》《草书心经》等，最为典型者当数《肚痛帖》。

《肚痛帖》的真迹早已失传，如今我们看到的是明代重刻本，原石现存西安碑林。全帖共六行，30字，内容为："忽肚痛不可堪，不知是冷热所致，欲服大黄汤，冷热俱有益。如何为计，非临床。"看上去，是张旭肚子痛时给自己

肚痛帖 唐 张旭

写的一封诊书。书帖的前三个字还比较规整，字与字并不相连，而从第四字开始，不知是不是因为作者的肚子越来越痛，他越写越快，字也越来越癫狂，纵横豪放，癫味十足。这幅作品将草书的表现力发挥到了极致，在作者奋笔疾书的狂草中，我们似乎也感受到了泰山压顶的气概和张扬恣肆的宣泄。

"天下三大行书"分别是什么？

纵观一千多年的中国行书发展历史，有很多神采飞扬的著名作品，

其中王羲之的《兰亭序》、颜真卿的《祭侄文稿》和苏轼的《寒食帖》，被后人誉为"天下三大行书"。

王羲之被尊为"书圣"，与其子王献之合称"二王"。他的书法作品"飘若浮云，矫若惊龙"，是后人学习书法的典范。

东晋永和九年（353），王羲之与友人谢安、孙绰等共42人在会稽山阴的兰亭雅集，曲水流觞，饮酒赋诗。众人将这些诗文辑成一集，由王羲之作序。这篇序文就是《兰亭序》，被誉为"天下第一行书"。全篇书写从容娴和、气定神凝、逸笔天成、匠心独运而又毫无安排造作的痕迹。其用笔流畅洒脱，笔法纯熟精到；结字端庄严谨，古妍而俊美；线条遒劲秀丽，如同雕饰的美玉般高雅；结体千变万化，帖中24个"之"字无一雷同。通篇情文并茂，气韵生动，是心手双畅状态下出神入化的杰作。

兰亭序　东晋　王羲之　冯承素摹本

被誉为"天下第二行书"的《祭侄文稿》是颜真卿为侄子写的祭文。此文记录了颜真卿悲痛欲绝的缅怀亲人之情。当时，救兵迟迟不到，致使亲人尸骨不全，两年后只找到侄子的头颅。可以想象，那是多么让人心痛的情景。此作品是颜真卿在悲伤、愤怒下的情感发泄，情绪的变化导致了运笔节奏的跌宕起伏。书法线条苍劲沉雄，将真情实感淋漓尽致地表现出来，可以说《祭侄文稿》是用血泪铸就的。

苏轼的《寒食帖》，是"乌台诗案"发生后苏轼被贬黄州时所写的两首诗。苏轼满腹经纶，抱负远大，却为小人所害。苏轼将心境情感的变化，寓于点画线条的变化中，或正锋，或侧锋，转换多变，浑然天成，达到心手合一的几近完美境界，被誉为"天下第三行书"。

其实"天下三大行书"都是即兴之作，却传达出了最真实的"自己"，呈现给我们的是三种境界、三种人生。

《祭侄文稿》为什么有那么多涂画的地方？反映了作者什么样的感情？

《祭侄文稿》是唐代大书法家颜真卿写的一篇祭文，上面虽有大量涂抹之处，但被誉为"天下第二行书"。书作中为什么要涂改？这表达了作者什么样的感情？

这幅闻名天下的《祭侄文稿》，是一篇饱含悲痛、一气呵成的文章。唐玄宗年间，"安史之乱"爆发，颜家一门忠烈，与叛军奋起作战，家族有30余口被害。直至两年后，颜真卿才有机会派人去找亲人的遗骸，最后只寻得侄子颜季明的头骨。面对亲人的遗骸，他怀着无比悲痛的心情，写下这篇迟来的祭文。

一开始，他叙述个人的身份和侄子的生前状况，文字节奏平缓，笔墨也比较清淡。转入祭文正题之后，字形变大、笔画变粗，用墨也开始浓重了起来。通篇作品中"父陷子死"四个字笔墨最重。他质问苍天：

"是谁制造了这场灾难让你遭遇如此残害，再多的躯体哪能赎回你的真身！"他写到亡侄的"首榇（chèn，放头骨的棺）"在三年后才被收得归葬，短短几行里改了又改，"呜呼哀哉"更是用草书连写而成。文末，他告慰亡侄："待将来选择一块好的墓地埋葬你，你的灵魂如果还能知道这一切，请不要埋怨在这里长久做客。"在这篇作品里，悲情随着文字如江河一般倾泻而下。

《祭侄文稿》一共 23 行，计 234 字。由于情感激越，这些文字时疏时密，墨色有重有轻，时有涂改，甚至有枯笔的痕迹。颜真卿长期积累的书法功力在悲壮的情绪下挥洒而出，有极强的艺术感染力。可以说是字字泣血，堪称书法与情感合二为一的神作。

祭侄文稿　唐　颜真卿

人们常说"字如其人"，颜真卿的书法风格强劲雄浑，而他本人的个性也刚直耿介。颜真卿的书法得到了后世文人的极高赞誉，被推崇为神品。人们倾慕于颜真卿的书法技艺，更是把他当成了道德楷模，赞扬他个性的坚贞不屈。可以说颜体是人品与书品的高度融合。

高超的书法技艺与深厚的情感，加上颜真卿本人的刚烈气节，都赋予《祭侄文稿》无上的魅力，成为人们熟知的"天下第二行书"。

"苏黄米蔡"指的是哪四位书法家？有什么代表作品？

"苏黄米蔡"是宋代四大书法家苏轼、黄庭坚、米芾、蔡襄的合称，他们被认为是能代表宋代书法成就的书法家。他们都善学古人又富于创新精神，书风自成一格，时人推崇备至。

苏轼，号东坡居士，北宋时著名文学家、书画家，"宋四家"之首。诗词开豪放一派，散文成就极高，为"唐宋八大家"之一。他与父亲苏洵、弟弟苏辙以诗文著称于世，并称"三苏"。苏轼为人正直，性情旷达，才华横溢，诗词文赋之外，对书画也很擅长。苏轼的字虽看似平实、朴素，但有一股汪洋浩荡的气息，就像他渊厚的学问一样，变化莫测。书法代表作品有《前赤壁赋》《寒食帖》《洞庭春色赋》等。其中《寒食帖》最为著名，通篇书法起伏跌宕，光彩照人。

黄庭坚是苏轼的学生，为"苏门四学士"之一，是江西诗派的开山祖师，生前与苏轼齐名，并称"苏黄"。黄庭坚的书法造诣很高，他擅长行书、草书，如"长枪大戟，雄奇傲岸"，自成风格。黄庭坚一生创作了数以千计的行书精品，其中最负盛名者当推《松风阁诗帖》。这是黄庭坚晚年时期的作品，作品风神洒脱，意蕴十足。

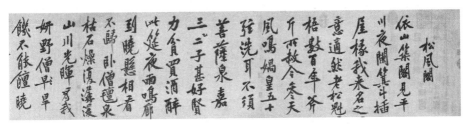

松风阁诗帖（局部） 北宋 黄庭坚

米芾是北宋书法家、画家、书画理论家和收藏家。他的性格怪异，举止癫狂，遇石就称"兄"膜拜，被人称"米癫"。书法成就以行书为最高，其笔力充沛，且字形有气势，有天马行空的感觉。最著名的代表作《蜀素帖》，是米芾在蜀素（白色的生绢）上书写自作的八首诗，内容是游记和送行之作。艺术风格和谐又多变化，天真自然，笔势飞动，且越到后面越洒脱，神采超逸。

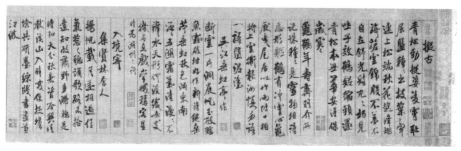

蜀素帖（局部）　北宋　米芾

从书法风格上看，苏轼丰腴跌宕，黄庭坚纵横奇崛，米芾俊迈豪放，但都以行草、行楷见长。蔡襄作为"宋四家"之一，则喜欢规规矩矩写楷书。楷书他师法颜真卿，结体端严，体格恢宏；行书学习晋人风韵，潇洒简逸。他的书法恪守晋唐法度，用笔温文尔雅，结字端严秀逸，风格浑厚端庄。代表墨迹有《自书诗帖》《谢赐御书诗表》以及《陶生帖》等。

自书诗帖（局部）　北宋　蔡襄

顾恺之和"春蚕吐丝描"

你养过蚕吗？春天的蚕吐丝时，一根均匀的细线连绵不断，婉转柔和，不就像晋朝画中的线条吗？"春蚕吐丝描"是中国古代人物衣服褶纹的画法之一。此画法因线条形似游丝，又常被称为"高古游丝描"。

"春蚕吐丝描"常用来描述东晋时一个大画家——顾恺之的作品。比如他的代表作《女史箴图》中人物高贵端庄，衣饰和飘带都用到了"春蚕吐丝描"，如此用线使得画面典雅、宁静又不失明丽、活泼。画面中的线条循环宛转，均匀优美，人物衣带飘洒，形象生动。不仅描绘了女性外在形体的美、表情上的美，还表现了其内在气质与风神上的美。《洛神赋图》中顾恺之

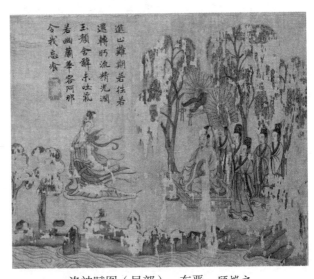

洛神赋图（局部）　东晋　顾恺之

用"春蚕吐丝描"画出飘舞的衣带，细劲飞扬，画出了曹植文章中美丽的洛神"翩若惊鸿，婉若游龙"的神韵。

顾恺之是中国历史记载的第一位著名画家。难道在顾恺之以前，中国没有画家吗？不然，只要有作品，就有画家存在。不过之前的画作因

时代久远，不得保存，因而鲜有流传。在顾恺之生活的东晋以前，中国的许多画家只是工匠，他们只学习画画的技巧，并不一定要读书。可是到了顾恺之生活的时代，画家多半也是文人，大多会读书、作诗或弹琴。由于拥有丰厚的人文素养，顾恺之取得了非常高的艺术成就，时人称其有"三绝"：画绝、文绝和痴绝。

我国第一幅独立的山水画是哪件作品？画了什么内容？

隋代画家展子虔的《游春图》是人们公认的第一幅独立的山水画作品。

此前的画作，山水风景只作为人物故事的衬景出现，人物占据了画面的主要位置，人的比例尺度比山石树木都高大，有"人大于山，水不

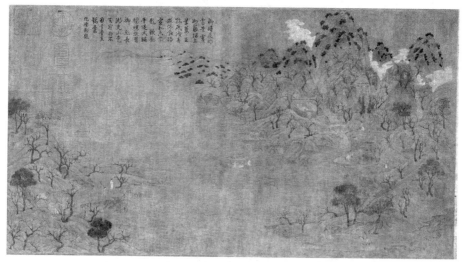

游春图　隋　展子虔

容泛"的说法。在遗存至今的中国古代绘画中，《游春图》首次将山水作为主题，人物只成为点缀。或许在展子虔之前也有人这样画过，但没有实物遗存下来。这幅《游春图》是迄今为止有记载的最早的独立且完整存世的中国山水画作，在中国山水画中可称开山之作，是中国山水画的奠基石。

画面中河水左岸是平原，右岸是高山。两岸人形虽小，但起到叙述连接故事的作用：左岸的人在等待摆渡到右岸去登山游春，右岸骑马或步行的人正在往山里行进。江心的小船将两岸一动一静的状态协调了起来，使得画面从整体看来有了从低到高、从静到动的变化与对比。

从绘画表现手法来看，树冠、树叶虽都是点染画法，但能区分树种的不同；水虽无倒影，但每一条波纹都表现得一丝不苟，使人感受到水速、风力；小桥、房屋虽篇幅不大，但为后世的界画开了先河。最值得一提的是，画作全幅染色，山体和树冠运用大量不同色度的石青、石绿色，山脚则染泥金色。这样用色方式的绘画，被后人定义为"青绿山水画"，展子虔因此也成为此画种的开创人。

绘画史上"大小李将军"是哪两位？

我国唐初有"大小李将军"两位历史人物，他们不是跃马扬鞭、挥戈沙场的武将，而是笔墨耕耘、挥毫作画的画家。"大小李将军"是李思训、李昭道父子二人，他们是皇室宗亲，先后被封为"右武卫大将军"。

李家父子都喜爱山水画，他们继承和发展了隋代展子虔的画法，在青绿山水的基础上多加泥金色，用来勾染山石，并常取神仙故事、天宫建筑点缀其间，开创了"金碧山水"的画法。金碧山水在中国山水画中是最绚丽灿烂的一种。它以"青绿为质，金碧为纹"，辉煌富丽，光彩照人，因而被誉为"金碧辉煌"。

李思训喜欢画湍湍流动的江河、潺潺环绕的小溪、云霞缥缈的天空等高雅祥和的景色。而且在画中经常点缀富丽堂皇的楼台琼阁和神话传说中的人物，所以画面显得幽深奇妙，宛若瑶台仙境。在画法上，他的线勾画得细韧流畅，景物描画得极其工细严整，人物刻画得毫发毕现，色彩敷染得浓重艳丽。李昭道在父亲的基础上，更加精细入微，并且创

江帆楼阁图　唐　李思训

立了海景的描绘方法。古书上说中国山水画"成于二李"，意思是在他们父子二人手中，形成了完整的工笔重彩山水画的绘画技法。后世喜爱工笔重彩山水画的人，都奉"大小李将军"为楷模。李思训的作品在宋代《宣和画谱》的记载中有17幅，但现在仅见《江帆楼阁图》和《九成宫纨扇图》。李昭道的传世作品有《春山行旅图》《明皇幸蜀图》。

"大小李将军"的金碧山水画对后来中国山水画的发展，产生了巨大而深远的影响。明代董其昌提出绘画上的"南北宗论"时，将它列为"北

宗”之祖。后世山水画中的青绿山水就是对这一派画风的延续。

画圣吴道子与《送子天王图》

画圣吴道子生活的年代，正是唐代国势强盛、经济繁荣、文化艺术飞跃发展的时代。唐代的东西两京——洛阳和长安，更是全国的文化中心。宫廷画家们追慕阎立本、尉迟乙僧，群星璀璨，绘画之盛，蔚为大观。吴道子出身底层，善于吸收民间和外来画风，确立了新的民族风格，即世人所称的“吴家样”。与此同时，佛、道内容经南北朝画风的渗透融合，到唐代发生了巨大变化，这集中表现在吴道子笔下的佛、道人物画上，产生了宗教艺术与“吴家样”的完美结合。《送子天王图》正是在这种条件下诞生的。

《送子天王图》开创了中国宗教画本土化的新时代。我们现在看到的是摹本，吴道子打破了长期以来沿袭顾恺之等人“紧劲连绵，如春蚕吐

送子天王图　唐　吴道子

丝"那种游丝描法的局面，开创了兰叶描。

《送子天王图》又名《释迦降生图》，描绘佛祖释迦牟尼降生后，他的父亲净饭王和母亲摩耶夫人抱着他去朝拜时，诸神向他礼拜的故事。这幅画原本是佛教的异域故事，而画中的人、鬼神、走兽等却完全被中国化、道教化了。从内容看，第一段中描绘一位王者气度的天神端坐中间，两旁是手执笏板的文臣、捧着砚台的仙女，这仿佛是当时现实中的帝王、文臣和侍女。第二段带有丰富的想象和夸张，画中有一位坐在石头之上的四臂披发的尊神，形貌诡异，身后烈焰腾腾，颇具气势。第三段是释迦牟尼降生图，内容画的仿若一位帝王和王后怀抱婴儿翩翩走来。该图着色较淡，近乎白描，但吴道子所画神像的衣褶，飘举飞动，很有"吴带当风"的特色。整幅图以释迦牟尼的降生为中心，天地诸界历历在目，其技艺高超，想象奇特，令人心驰神往。

《步辇图》表现了什么重大历史事件？

《步辇图》是唐朝画家阎立本的名作之一。作品设色典雅绚丽，线条流畅圆劲，构图错落而富有变化，为唐代绘画的代表性作品，具有珍贵的历史和艺术价值。现存画作被认为是宋朝摹本，藏于故宫博物院。

唐贞观十四年（640），吐蕃王松赞干布仰慕大唐文明，派使者禄东赞到长安通聘。《步辇图》所绘是禄东赞朝见唐太宗时的场景。

阎立本以唐太宗派文成公主入藏，与吐蕃松赞干布联婚的事件为背景，选择了唐太宗在众侍女的簇拥下端坐在步辇车上，接见松赞干布派来的迎亲使者禄东赞的场面加以描绘，记录下了这个历史性的情节。画

步辇图　唐　阎立本

面的左边是三个人，第一个穿红袍的官吏，可能是引见的典礼官，第二个穿藏袍的，就是吐蕃使者禄东赞，最后一位可能是翻译官。这三位都微微前倾、双手在前，显得十分恭敬。画面右边的唐太宗端坐在步辇上，周围是九位服饰统一的待女。她们或是抬辇，或是执扇，或是举着伞盖，姿态表情各不相同，更加衬托了唐太宗的庄严和高大。

画家依靠人物的神情举止、容貌服饰，生动地刻画了不同人物的身份和精神气质。唐太宗的威严和睦、吐蕃使者的敬畏谦恭、礼仪官的肃穆、宫女们的顾盼，都描摹得细腻逼真，气氛亲切融洽，却又严肃庄重。这是一幅成功表现古代吐蕃民族地区与中原地区友好交往的历史画卷，是汉藏民族友好情谊的历史见证。

《捣练图》里的仕女在做什么？这幅人物画有什么精彩之处？

《捣练图》属于工笔重彩画，是中国唐代画家张萱的名作，表现了古代贵族妇女劳作的场面。此画是盛唐时一幅重要的风俗画，对后世绘画风格有重大影响。

《捣练图》于 1860 年被掠夺并流失海外，现藏于美国波士顿博物馆，为宋代摹本。这幅长卷式的画面按劳动工序分成捣练、织线、熨烫三组场面。第一组描绘四个妇女以木杵捣练的情景；第二组画两人，一人坐在地毯上理线，一人坐于凳上缝纫，组成了织线的情景；第三组是几人熨烫的场景，其间一个小女孩，淘气地从布底下钻来钻去。

《捣练图》描绘了从捣练到熨烫各种活动中妇女们的情态，刻画了不同人物的仪容与性格，人物间的相互关系生动而自然。执练的妇女身躯稍向后仰，似在微微着力；熨练妇女认真专注的表情，端丽的仪容，恰如其分地表现了温厚从容的性情。在练下好奇窥视的女孩，以及怕热而回头的煽火女童，都生动活泼。画家通过描绘捣练、络线、织修、熨烫等活动过程，既塑造了人物形象，又刻画了富有情趣的细节，使反映的内容更具生活气息。

画中人物动作自然随性，细节刻画生动。线条工细遒劲，设色富丽，其丰腴的人物造型，表现出唐代仕女画的典型风格。也是我们研究唐代文化、历史的重要资料。

捣练图　唐　张萱

《韩熙载夜宴图》主要描绘了什么内容？

在故宫博物院内珍藏着一幅一千多年前的古典绘画——《韩熙载夜宴图》。这幅镇院之宝出自五代时期著名画家顾闳中之手。整幅作品线条遒劲流畅，工整精细，色彩绚丽清雅，构图富有想象力，是一幅描写当时现实生活、具有深刻主题思想和极高艺术性的作品。

该图为手卷形式，以韩熙载为中心，全图分为"听乐""观舞""休息""清吹"及"宴散"五段。各段既能独立成章，又能连成整体。第一段画韩熙载和宾客们的宴饮，听弹奏琵琶。主宾或静听或默视，目光集中在演奏者身上。第二段画观"六幺舞"，韩熙载亲自击鼓，传神至极。第三段画客人散后，主人休息盥洗。第四段画韩熙载换上便衣乘凉，听乐女演奏管乐，乐女的专注与韩熙载的闲适形成鲜明对照。第五段画宴会散场时，有人依依不舍，有人挥手送别。

顾闳中观察入微，把韩熙载夜宴的情景描绘得淋漓尽致，五个场景中四十多个人物无一不鲜活。画面中乐曲悠扬，舞姿曼妙，觥筹交错，笑语喧哗，更突出了韩熙载心事重重、忧郁无聊的精神状态。每段中的韩熙载，面部角度、服饰、动作表情各有不同，但有一点相同，那就是他脸上都没有笑意，显得深沉、忧郁。画家把一个才气高逸，神态忧郁，虽置身于声色之中，但韬光养晦，内心矛盾复杂的韩熙载刻画得入木三分。实际上，它不仅是一幅描写韩熙载私人生活的图画，更重要的是它反映了那个特定时代的风貌，揭示了统治阶级的内部矛盾。

韩熙载夜宴图　五代　顾闳中

在艺术处理上，它打破时空概念，把不同时间中进行的活动组织在同一画面上。全画组织连贯流畅，故事情节复杂，人物众多，却安排得宾主有序，繁简得度。在场景之间，画家非常巧妙地运用屏风、几案、床榻等器物，使之既有相互连接性，又有彼此分离感；每个场景既能独立成画，又能拼成一整幅画卷。

这幅图的有些画面上没有出现墙壁、门窗、屋顶，作者也没有画出明暗及灯烛，但通过人物的活动，却能让观众感到宴乐是在室内的夜晚进行的，体现了中国传统绘画的简练。犹如中国传统戏剧，不用布景，只用手势、眼神等动作就能让观众感受到周围景物的存在。

《韩熙载夜宴图》全画工整精细，设色浓丽稳重，人物形神兼备，是一幅有重要历史文物价值和杰出艺术成就的古代人物画。

"荆关董巨"是哪四位画家？分别有什么代表作品？

"荆关董巨"是五代十国时期四位著名的山水画家的合称，分别指：荆浩，关仝，董源，巨然。

董源最能代表江南山水画派，他擅长运用披麻皴和点苔法表现平淡天真的江南景色，体现风雨明晦的变化。董源经常在技巧上富有创造性，神妙地表达出峰峦晦明、洲渚掩映、林山烟云的江南景色。他的名作《夏景山口待渡图》和《潇湘图》，将夏天江南的丘陵和江湖间草木丰茂、云气变幻等独特景色表现得淋漓尽致。

巨然，师法董源，擅长画江南山水，更喜欢画多石的山林，危桥茅屋，所画景物有野逸清静的趣味，深受文人的喜爱。巨然常以披麻皴画山石，笔墨丰富、秀润，是董源画风的嫡传，对元朝以降的山水画发展有极大影响，有《万壑松风图》《秋山问道图》《山居图》等名作传世。

潇湘图　五代　董源

匡庐图　五代　荆浩

荆浩和关仝代表的是北方山水画派，他们开创了独特的构图形式，并善于描写雄伟壮美的全景式山水。

荆浩经常携笔到山中写生，独创水晕墨染的表现技法，也擅长画云中山顶，表现峰峦的雄伟气势。其代表作《匡庐图》，采用的是立轴构图，鸟瞰式纵向全景布局，画法皴染兼备，较为写实，能够看出画家在隐居生涯中，对自然景观体验深刻，从而能营造出雄伟又寂静的空灵世界。

关仝的山水画被称为"关家山水"。他早年师法荆浩，所画山水颇能表现出关陕一带山川的特点和雄伟气势。但其作品在立意造境上有别于荆浩，显露出自己独特的风貌。他的画风朴素，形象鲜明突出，简括动人，被誉为"笔愈简而气愈壮，景愈少而意愈长"。关仝的代表作《关山行旅图》，是一幅描绘北方深秋景色的山水画，此画既表现出了山川的雄奇，又反映了人们生活的艰辛。

值得补充说明的是中国山水画重要技法之一的皴法，在此时得到了很大发展，墨法逐渐丰富，水墨和水墨着色的山水画已发展成熟。"荆关董巨"四大家，成为中国山水画发展史上的里程碑。

《溪山行旅图》为何被称为"宋画第一"？

范宽，何许人也？范宽是宋代绘画中的宗师级人物。《溪山行旅图》是范宽的代表作，也是中国绘画史中的杰作。

这件作品被称为"神品"，彪炳史册，在后人的心中打下深深的烙印。此图大山大水的全景构图、山石树木的细致刻画、多变的笔墨及皴法，以及雄浑的意境，无一不冲击着观者的心灵，更使人产生无尽的凝思……近观此画，首先映入眼帘的便是矗立在画幅正中央的一座高大的山峰，密如雨点的墨痕，集合成雄伟的山川形象，形成独具面貌的"雨点皴"。墨色层层积累，将饱经风霜的岩石刻画得浑厚天成。细线般的瀑布在高山深壑间飞泻而下，隐没在云烟缥缈的深渊中。作者描绘出了北方山川的峻拔雄阔、壮丽浩荡。画面不仅层次丰富，墨色凝重浑厚，而且极富美感，整个画面气势逼人，使观者有身临其境之感。

在《溪山行旅图》面前，最能体会到的是高山仰止。画面采用全景构图，扑面而来的悬崖峭壁占据整个画面的三分之二。人在其中抬头仰望，山就在头上。在如此雄伟壮阔的大自然面前，人显得如此渺小。山底

溪山行旅图　北宋　范宽

下，是一条小路，一队商旅缓缓走进了人们的视野。马队铃声似乎也渐渐弥漫在画面中，山涧中还有潺潺溪水声与之应和。可谓动中有静，静中有动，一动一静中显现出诗情画意。巍峨的山峰，葱茏的林木，突兀的巨石，描绘出雄伟的自然景色；山路间行商的小小驮队又显出了人世间生活的脉搏，自然与生活和谐相处，意趣天成。无怪乎连推崇南宗画风的董其昌也评此画为"宋画第一"。

宋代，除了范宽这幅《溪山行旅图》，李唐的《万壑松风图》、郭熙的《早春图》等作品在用笔技巧上、画面构图上、作品意境上，都堪称国宝中的国宝，震撼着观者的心灵，使人产生无尽的遐思。

画史上的"南宋四家"都是谁？

万壑松风图　南宋　李唐

"南宋四家"是指中国画史上的南宋画院画家李唐、刘松年、马远、夏圭。其中李唐略早，刘松年、马远、夏圭继承发展李唐的画法，成为南宋画院的主流。

"南宋四家"的风格特点是：李唐的画刚劲犀利，气魄雄伟；刘松年的画受李唐影响，更加严谨工整；马远、夏圭也学习李唐笔法，作品刚劲简括，构图很有特色，有"马一角、夏半边"之称。他们的画风对明代的浙派和院体山水画有较大的影响。

李唐晚年创立"大斧劈皴"的画法，这种画法的代表作有《万壑松风图》。作品采取远景山水和突出山水局部的方法，取景时营造扑面而来的压迫感，为简括构图表现开了先河，对南宋初期的山水画也具有开派作用。《万壑松风图》与郭熙的《早春图》、范宽的《溪山行旅图》，合称为"宋画三大精品"。此外，李唐还善画人物，代表作有《采薇图》。

溪亭客话图　南宋　刘松年

刘松年画风典雅严谨，精于界画。作品中山水、人物常处在同等地位，代表作有《四景山水图卷》，描绘的是西湖四季风光和文人雅士生活。

马远出自绘画世家，代表作有《踏歌图》《水图》《梅石溪凫图》等。夏圭的画风与马远近似，二人并称"马夏"，代表作有《溪山清远图》《西湖柳艇图》等。

踏歌图　南宋　马远

《千里江山图》的作者是谁？作品为什么受到那么多人的喜爱？

《千里江山图》是北宋时期的天才少年王希孟创作的青绿山水画名作，现收藏于故宫博物院。

《千里江山图》是集北宋以来水墨山水大成之作，是青绿山水画发展的里程碑。《千里江山图》用一幅整绢画成，没有作者款印，前面有清乾隆皇帝的题诗，后有宋朝权臣蔡京的跋尾。打开卷轴，开首高山之巅直入云霄，后面丘陵连绵，崇山峻岭，移步换景，渐入佳境，在画家笔下，大自然的鬼斧神工尽收眼底。该画卷构图周密，色彩绚丽，用笔精细。画中各段均以绵延的山体为主要表现对象，自然而连贯。不同视点的景物或以长桥相连，或以流水贯通，巧妙地组织了绘画空间，灵活地体现了"景随步移"的艺术效果。

千里江山图（局部）　北宋　王希孟

《千里江山图》高 51.5 厘米，长 1191.5 厘米，是经典的绘画长卷。描绘的内容有烟波浩渺的江河、层峦起伏的群山，也有渔村野市、水榭亭台、茅庵草舍、水磨长桥的静景穿插，更有捕鱼、驶船、游玩、赶集等动景点缀，动静结合恰到好处，构成了一幅秀丽江山图。除整体景物和谐统一外，其可贵之处还在于细节的刻画上。人物刻画精细入微，神态栩栩如生，飞鸟用笔轻轻一点，即有展翅翱翔之态。山水间的野渡渔村、水榭楼台，水磨长桥各依地势，与山川湖泊相辉映，这幅山水画给人一种可行、可观、可游、可居之感。

《千里江山图》虽历千年之久，部分颜色已经脱落，但是其画法仍然清晰可辨，突出了青绿山水的富丽效果，将中国画色彩的装饰性发挥到了极致。画家在整体单纯的蓝绿色调中寻求变化，虽然以青绿为主色调，但在施色时注重手法的变化，常用赭石色为衬托，使画面层次分明。然而整幅画远观色彩又浑然一体，如绿松石般光彩照人。

王希孟继承传统，既充分体现出北宋时期院画之工整与严谨，又不失浩瀚恢宏之气势，使《千里江山图》成为宋代青绿山水画中具有突出艺术成就的代表作。

梁楷的减笔人物画有什么特点？

宋代人物画在技法上承袭了晋唐传统，同时极具创新意识。南宋梁楷是这一时期的代表人物。

梁楷是南宋画院待诏。他是一个行径相当特异的画家，善画山水、佛道、鬼神，在绘画方面学习宫廷画家贾师古，而且青出于蓝而胜于蓝。

梁楷的人物画画风更加简逸，创出了"减笔"这一人物画新的表现技法。"减笔"指在绘画创作中将一切多余的线条减去，用最简洁、最具表现力的笔墨突出表现人物的神态情状。这种方法与唐宋以来人物画讲求精工细致的风尚是不同的，但也正因为如此，梁楷减笔人物画的出现才更具创新意义。

梁楷之所以能够创出此种画法，与他的个人性格是分不开的。据载，他喜好饮酒，酒后的行为不拘礼法，人称"梁风（疯）子"。正是受不羁性格的驱使，他才能打破传统，大胆地创新。梁楷减笔人物画的代表作有《泼墨仙人图》《六祖斫竹图》《太白行吟图》等。

《泼墨仙人图》是梁楷泼墨人物画的代表性作品。画中是一位醉酒之后步履蹒跚、憨态可掬的仙人形象。作者没有对仙人的面相、身体做细致的描绘，而是用浓淡相宜又酣畅淋漓的水墨，将人物衣服以近乎夸张的形式表现出来，须眉口鼻用笔轻描淡写地勾画。梁楷为人放逸不羁，这种仙人的形象何尝不是其自身性格的写照呢？梁楷此幅画作在笔墨的表现力上达到了前所未有的高度，是中国写意画的代表作。

泼墨仙人图　宋　梁楷

李公麟为什么被称为白描大师？

　　李公麟是北宋时期颇具影响力的名士，他是白描绘画的一代宗师。他把盛行于唐朝吴道子时代的"白画"发展为具有丰富表现力的画法——白描，即纯用线条来描绘事物，这是线描技法高度发展的结果。

　　他将"纸本白描"发展成为一种有自己艺术特点的表现方法，以线为基础来表现对象，使画面简洁朴素、优美动人。李公麟作品中的线条粗细浓淡分明，构图又灵动自然，画面简洁又富有变化。他对人物、鞍马、山水、花鸟等题材无所不精，他的绘画既有真实感，又有文人情趣，而且所作皆不着色，被称作"白描大师"。

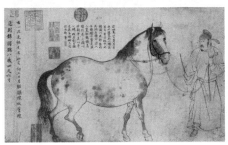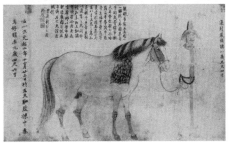

五马图（局部）　北宋　李公麟

李公麟又是一位卓越的现实主义艺术大师，他创造的艺术形象真实而鲜明，他的白描技法成为后人遵从的典范。《五马图》就是用白描的手法画的从西域进贡来的骏马，每匹骏马都由人牵引，画中的马和人都是画家根据真实对象写生创作的。画中五匹马的毛色、外形各有特色，有的静立不动，有的缓步前行，马的比例、神态刻画非常精准。五位牵马人的神情、相貌、衣着也各具特色，从装束和外貌上能看出三位是西域的少数民族，两位是汉族。画家通过对人物面部特征的把握，运用精准的线条真实地表现了他们不同的精神气质：有的年迈苍老、谨小慎微；有的年轻气盛、阔步向前；有的相貌凶悍、态度骄横。李公麟用简洁准确的线条再现了经典的艺术形象。他在白描的基础上用淡墨渲染，增强了线条的表现力，画面透出简洁、淡雅的格调，显示出白描技法在中国绘画艺术中的巨大成就。

"元人冠冕"赵孟頫与传世名作《鹊华秋色图》

赵孟頫是南宋末至元初著名的书法家、画家、诗人，宋朝皇室嫡系子孙。赵孟頫博学多才，能诗，善文，懂经济，工书法，精绘艺，擅金石，通律吕，爱收藏，解鉴赏，尤以书法和绘画的成就最高。

赵孟頫可以说是中国书画史上独一无二、空前绝后的全才。书法上，"楷书四大家"颜柳欧赵，前三位都是唐朝的，只有赵孟頫是唐以后的，且真草隶篆各体皆善。绘画上，山水、人物、花鸟、鞍马，无一不通，又因开创元代新的画风，而被称为"元人冠冕"。很多学书之人都写过赵孟頫的帖，其书风遒媚、秀逸，结体严整，笔法圆熟。传世书法作品很多，有《洛神赋》《道德经》《胆巴碑》《玄妙观重修三门记》《四体千字文》等。传世画迹有《鹊华秋色图》《人骑图》《秋郊饮马图》等。文学上，著有《松雪斋文集》等。

赵孟頫在绘画上成就最大的还是他的山水画，《鹊华秋色图》是其代表作。这一作品是他回到故乡浙江时为好友周密所画，现藏于台北故宫博物院。描绘的是济南华不注山和鹊山一带秋景，画境清旷恬淡，表现出恬静而悠闲的田园景象。

作品采用平远构图，又以多种色彩调和渲染，虚实相生，笔法潇洒，富有节奏感。画中是一片辽阔的湿地和河水，从近景伸展到远处的地平线。远景上，最重要的是两座山：右方突立的是尖尖的华不注山，左侧的是鹊山。两山与近景之间，树木疏落散布，树姿高低错落，秋天有的树叶已脱落了，有的还赤黄相间。画的左方，可见山羊四五只，在几所简陋的茅舍前觅食。水边轻舟数叶，舟中渔叟正安静地劳作。水乡山色之中洋溢着牧歌般的恬静气氛。

在《鹊华秋色图》中，作者以深厚的笔墨功力诠释了山水自然静谧的意境，不仅丰富了文人山水画的表现手段和内涵，还初步确立了元代山水画坛清远自然的整体风格和典雅的审美格调，为后世的中国文人山水画奠定了基础。

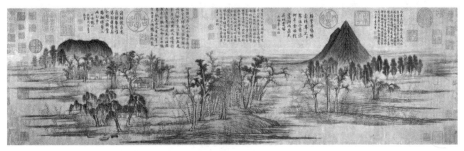

鹊华秋色图　元　赵孟頫

被誉为"画中之兰亭"的是哪幅作品？它为什么被分成了两段？

《富春山居图》是元代画家黄公望的代表作，是中国绘画史上最著名的山水画之一。被认为是中国山水画的巅峰之作，有"画中之兰亭"的美誉。

《富春山居图》是黄公望晚年时期为挚友郑樗（无用禅师）所绘制的，历时四年方才完成。这幅凝聚着画家心力精神的画卷几百年来历尽坎坷，曾被以真当假地对待，并受过烈火炽焰的洗礼，最后还被分作两段分处异地。

那这幅杰作为什么会被分成两段呢？原本元以后的收藏家都是把它视为稀世珍宝，竞相收藏的。但这幅名作流传到明朝末年收藏家吴洪裕手中时，吴洪裕临终前竟然下令将此画焚烧殉葬！画作被投入火中，眼看一代名作要化为乌有。千钧一发之际，吴洪裕的侄子把作品从火中抢救出来，但此时画已被烧成一大一小两段。后人将损坏烧焦部分细心揭下，重新接拼装裱。那一小段正好有一山、一水、一丘、一壑的景观，于是，人们就把这一部分称作《剩山图》。

富春山居图·剩山图　元　黄公望

富春山居图·无用师卷　元　黄公望

而原画主体内容的另外一大段在重新装裱时，为了掩盖火烧痕迹，特意将原来写在画尾的董其昌的题跋切割下来放在了画首，这一大段便是《无用师卷》。如今，这幅名作前半卷《剩山图》藏于浙江省博物馆，后半卷《无用师卷》藏于台北故宫博物院。

《富春山居图》是由六张纸接裱而成的长卷，全卷长度近七米，是黄公望晚年时期的水墨杰作。他的作品追求神采和气韵，带有明显的元代文人气息。

此画从真山真水中写生得来。全卷以浙江富春江为背景，凭画家个人独特的构思来安排、布置画面。全卷用水墨技法描绘了浙江富春江的初秋景色，以清润的笔墨、简远的意境，把浩渺连绵的江南山水表现得淋漓尽致，达到了"山川浑厚、草木华滋"的境界。画面中山水树木的安排疏密有致，墨色浓淡干湿并用，极富变化。长披麻皴枯湿浑厚，洒脱中有灵气。整个画面充满了归隐者行走在林泉之中悠然、淡泊的诗意，散发出浓郁的江南文人气息，作品也被推为黄公望的"第一神品"。

2011年6月，《富春山居图》大小两段在各自经历了三个多世纪的漫长旅程后，在两岸博物馆的共同努力下，终于穿越历史联合展出。这次山水合璧展也成为当年两岸文化交流的盛事！

"元四家"都是哪四位书画家？分别有什么代表作品？

富春大岭图　元　黄公望

"元四家"指元代的四位代表画家：黄公望、吴镇、倪瓒、王蒙。他们的创作集中体现了元代山水画的最高成就。四家画作既有各自鲜明的个性特点，又具有元代山水画整体的时代风貌。他们都强调诗书画印的有机结合，状物寄情，属于典型的文人画，对明、清绘画影响巨大。

黄公望，江苏常熟人，号一峰道人，又号大痴道人。年轻时做过小官，因事牵连入狱。出狱后做了道士，开始画画。50岁后隐居杭州，专心于山水画创作。黄公望以赵孟頫为师，融合宋代各家所长，深入到大自然中观察体悟，形成自己"气清质实，骨苍神腴"的艺术风格。有作品

《富春山居图》《九峰雪霁图》《丹崖玉树图》《富春大岭图》等传世。其中，《富春山居图》是黄公望晚年时期的杰作，也是中国古代山水画的巅峰之作。

倪瓒，江苏无锡人，其家境富足，博学好古，但后来散尽家财，浪迹太湖一带。倪瓒擅画山水和墨竹，师法董源，受赵孟頫的影响较大。其早年画风清润，晚年变法，主要描绘太湖一带的疏

容膝斋图　元　倪瓒

渔父图　元　吴镇

林坡岸。笔墨萧疏，枯淡清逸，构图疏朗，惜墨如金。他善于用侧锋淡墨，干笔皴擦，称为"折带皴"。代表作品有《渔庄秋霁图》《六君子图》《容膝斋图》等。倪瓒主张绘画"逸笔草草，不求形似，聊以自娱"。倪瓒是对后世影响极大的山水画家，他简约、疏淡的山水画风是明清画家们学习效仿的对象。

青卞隐居图　元　王蒙

吴镇，浙江嘉兴人，博学多识，性情孤傲，常年隐居乡里。他的画师法巨然，擅长用湿墨，画风沉郁苍莽，水墨圆浑苍润，笔法凝练坚实，喜欢用洒脱的草书题款，史称其诗书画为"三绝"。传世作品有《渔父图》《嘉禾八景图》等。

王蒙，浙江湖州人，生活于元末明初。他家学深厚，自小随外祖父赵孟頫学画，长大后与黄公望、倪瓒多有交往。作画喜欢用焦墨渴笔，碎苔点使画面繁密充实。他擅长描绘江南的丰茂林木，湿润华滋，意境幽远。代表作品有《青卞隐居图》《夏日山居图》《春山读书图》等。

"元四家"的画风虽各有特点，但都重视笔墨，崇尚意趣。在社会动乱之际，虽然每个人的社会地位及境况不尽相同，但他们的境遇是相似的，且在艺术上都受到赵孟頫的影响。在他们共同的探索和努力下，中国山水画的笔墨技巧又达到了一个高峰。

《六君子图》画的是六位品行高洁之士吗？

《六君子图》是元代著名画家倪瓒的山水画代表作，现藏于上海博物馆。

这幅山水画为什么叫作《六君子图》呢？这和黄公望在画中题的一

首诗有关，这首诗和这幅画一样有名："远望云山隔秋水，近看古木拥陂陀。居然相对六君子，正直特立无偏颇。"落款是"大痴赞云林画"。这里"大痴"是黄公望的自谦，"云林"就是指倪瓒。

此首诗的表面意思是黄公望对倪瓒的绘画大加赞赏，深层意思是把这六棵树比作六位君子，并用"六君子"来自勉。这首诗揭示了这幅画的精神力量和意义所在，他说出了黄公望的内心所想。第一层是说：作为一个有情操的文人，需要像这些树一样正直，观察事物不要偏颇，强调要行中庸之道。第二个层面就是：做一个有民族大义的文人，就算再落魄，也不要屈服于蒙古人的统治。因为当时的蒙古统治中原之后，废除科举考试，不再读四书五经。饱读诗书的汉族文人不愿意当官，政治上失意，生活上更落魄，然而他们却要保持自己坚定的文化信仰，不屈服于当权者。

《六君子图》是典型的倪云林式（三段式）构图方法。画面近处用平远的章法、简逸疏朗的笔墨突出表现了六株挺拔的树木，分别是松、柏、樟、槐、楠、榆，它们在乱石之间顽强地生长，有很强的象征寓意；画面中间是大面积留白，可以让人联想到宽广无垠的湖面及江面上若有若无的寒气；画面远处的一抹群山，萧散疏朗，体现出深远幽静的气韵。

整个画面疏朗清逸，笔墨极简，但

六君子图　元　倪瓒

又恰到好处，似乎多加一笔都会使画面琐碎。近处树木的用笔凝练精准，用墨色浓淡变化来突显不同的层次特征。江上远山用枯笔皴擦，增加了画面寒荒而萧疏的意境，给人一种超脱世外的空灵感。

倪瓒通过山水画来寄托情思，用六棵树木来表现超然世外的隐逸情怀。同时因为黄公望的题诗，使这幅山水画被赋予了更厚重的文化色彩。倪瓒的这种"逸笔草草，不求形似，聊以自娱耳"的文人山水画对后世影响深远，极为后学者推崇。尤其是"明代四家"和"清代四僧"，都受其惠泽不浅。

"青藤白阳"是谁？为什么郑板桥、齐白石这些书画大家那么崇拜他们？

"青藤白阳"指的是明代水墨大写意花鸟画家徐渭和陈淳，因其二者自号分别为"青藤居士"和"白阳山人"，所以被后人合称为"青藤白阳"。

在"吴门画派"的影响下，水墨写意花鸟画应运而生，代表人物就是徐渭和陈淳。在中国花鸟画史上，陈淳、徐渭向来被视为里程碑式的人物。他们的崛起，标志着写意花鸟画从小写意到大写意的巨大变革。

徐渭，字文长，别号天池山人、青藤老人、青藤居士。徐渭的一生跌宕起伏，经历了太多戏剧性的矛盾冲突。他八岁能文，才华横溢，却八次应试不中。虽胸有大志，无奈宦海浮沉，甚至锒铛入狱。

徐渭的作品题材广泛，在表现内容上融入了强烈的主观色彩，他通过画作宣泄人生苦痛的愤懑和对世事不公的抗辩。他将郁积的情绪寄托在书画之中，笔墨纵横驰骋，墨色淋漓，苍润相间，趣味十足。

陈淳，字道复，又号白阳山人，他出生于官宦世家，师承文徵明。他大可以与其他吴门弟子一样，亦步亦趋地学习乃师的技艺，然而陈淳却选择了另一条艺术之路。在艺术实践上以淡泊、旷达的人生观和放逸不羁的性格，与文氏画风"礼貌"地保持着距离，游离在吴门主体画风的约束之外，用洒脱的艺术风格"另类"地延续着吴门画派的遗绪。其在花鸟画方面的声誉甚至超过老师。

陈淳的作品自成风格，他喜欢用淡墨，气质疏朗质朴，笔力洒脱淋漓、收放自如。他的笔法率略，运笔在柔婉中不失方劲，呈现清刚劲爽之气，摆脱了文徵明的秀婉和沈周的浑朴。

水墨葡萄图 明 徐渭

花觚牡丹图 明 陈淳

"青藤白阳"的作品影响了之后的吴门画家，八大山人、石涛、"扬州八怪"直至吴昌硕、齐白石，都对其推崇备至。郑板桥曾刻一印，自称"青藤门下牛马走"。齐白石说："青藤、雪个、大涤子之画，能横涂纵抹，余心极服之，恨不生前三百年，为诸君磨墨理纸。"

"吴门四家"都姓吴吗？他们分别有什么突出成就？

"吴门四家"指的就是"明四家"。明朝时期，沈周、文徵明、唐寅、仇英四位画家被称为"明四家"，这一名称，是相对于"元四家"而言的。其中沈周、文徵明、唐寅有师承关系，但仇英是工匠出身，所以"吴门四家"既不是姓吴的画家，也不是一个风格门派的画家。但他们的大部分艺术活动都在"吴门"（现在的苏州一带），所以，人们又把他们称为"吴门四家"。

庐山高图　明　沈周

秋到江南图　明　文徵明

"吴门四家"诗书画各有所长，先后齐名。因沈周最为年长，德高望重，而且作品极多，所以人们普遍认为他是四家之首。沈周出身于诗画世家，一生吟诗作画，淡泊名利，追求精神上的自由。目前流传下来的代表作有《庐山高图》《三桧图》《烟江叠嶂图》《弈棋图》等。文徵明出身于官宦世家，喜爱书画，大器晚成，号称"文笔遍天下"。到了90岁依然孜孜不倦于创作。他诗、文、书、画无不精通，也是"四绝"的全才。他的代表作有《仿赵伯骕后赤壁图》《春深高树图》《晓春高树图》等。

绘画创作上，沈周与文徵明都以山水为主，无论是淡雅的青绿，还是沉雄的水墨，大多是描写江南山水风光和文人园林。他们以诗书画的融合来抒写情怀，山水画都有粗细两种面目，从流传至今

桃村草堂图　明　仇英

的画幅中可以看出，沈周细笔绘画较多，而文徵明的粗笔写意绘画较多。因此，行内人士称之为"粗文细沈"。

唐寅与仇英分别代表另外两种绘画类型。唐寅，字伯虎，他自幼聪颖，熟读史籍，才华横溢，诗书画俱佳，号称"江南第一才子"。但后来受科举舞弊案的牵连，仕途断绝，

落霞孤鹜图　明　唐寅

转而潜心研究书画，成为一代大家。因为阅历较广，入世较深，所以他的绘画题材范围宽广，不拘一格。唐寅山水、人物、花鸟都很擅长，他的代表作有《落霞孤鹜图》《孟蜀宫妓图》《秋风纨扇图》《山路松声图》等绘画作品传世。仇英是工匠出身，后来才专事绘画，他专画传统题材，摹古功底深厚。仇英后期在摹古中创新，尤其擅长工细的人物画和青绿山水画。代表作有《文姬归汉图》《桃村草堂图》《汉宫春晓图》等。

郑板桥是"扬州八怪"之一，他究竟怪在何处？

"扬州八怪"是清康熙中期至乾隆末年活跃于扬州地区的一批风格相近的书画家的总称，美术史上也常称其为"扬州画派"。"扬州画派"成员一般指：郑燮、金农、黄慎、李鱓（shàn）、李方膺（yīng）、汪士慎、罗聘、高翔。与他们画风接近的华嵒（yán）、高凤翰、李勉、边寿民等也被并入。所以"八怪"不只是八个，而是一批画家，"八"只是个约数。他们大多出身贫寒，生活清苦，个性清高狂放。书画往往成为他们抒发心胸志向、表达真情实感的媒介。"扬州八怪"的书画风格异于常人，不落俗套，因此被称作"八怪"。

郑燮，人称板桥先生，是清朝著名的文学家、书画家。作为"扬州八怪"之一，他究竟"怪"在何处？

首先怪在辞官卖画。他是康熙朝的秀才，雍正十年（1732）中了举人，乾隆元年（1736）考取进士，后在山东范县、潍县做过县令。按说郑板桥中年才得中进士，好不容易当个七品芝麻官，应该好好珍惜这个机会。但他刚正不阿，任知县时，遇到灾荒都据实呈报，力请救济百姓，还责令富户轮流舍粥，并带头捐出自己的俸禄。在潍县当县官时，郑板桥曾将一幅"瘦竹"赠给巡抚，画上的题诗是："衙斋卧听萧萧竹，疑是民间疾苦声。些小吾曹州县吏，一枝一叶总关情。"所以，有人说他不懂官场规则，是官场"怪人"。后来因为赈灾得罪了上司，他干脆辞官回乡，在扬州靠卖画度过了贫寒而有气节的一生。

其次怪在绘画内容。郑板桥一生只画兰、竹、石，从不画鲜艳的花朵。他自称"四时不谢之兰，百节长青之竹，万古不败之石，千秋不变之人"。这与他倔强不屈的性格是相吻合的。他的画构图极其简单，但布局十分巧妙。一幅画中一般只有几竿竹、一块石、几笔兰，用墨的浓淡衬出空间层次感。他擅长书法，将书法融于绘画之中，让人感到兰、竹、石的勃勃生机。在落款上，郑板桥将竹、石的位置关系和题诗文字处理得十分协调，竹纤细清飒的美衬托了石的另一番风情。这些作品与他平时的精心观察、勤于练习密不可分，是他将个人的品格、抱负、爱憎都融入笔墨之中的结果。

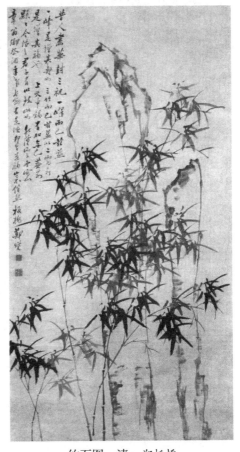

竹石图　清　郑板桥

郑板桥书法用篆、隶、行、楷，并以隶为主，兼有画意的美感，独创一体，自称为"六分半书"。世人称之为"乱石铺街"体，其书法"难得糊涂"和"吃亏是福"流传至今，所以，又有人说他的书法"怪"。

其实，郑板桥的这些"怪"，既有几分幽默，又有几分真诚。同时，也能看出其心系百姓、两袖清风的作风。

八大山人的落款为什么既像"哭之"又像"笑之"？

很多人第一次听"八大山人"这个名字时常常误认为是八个人。其实"八大山人"并不是八个人，而是一个人，他是明太祖朱元璋的十世孙，本是皇家宗室，原名朱耷，是清朝初年著名的书画家。崇祯十七年（1644），明朝灭亡。朱耷当时才19岁，不久父亲去世，他内心极度忧郁、悲愤，便假装聋哑，隐姓埋名遁入空门，以保全自己。

鱼图轴　清　朱耷

朱耷两字去掉"牛耳"就是"八大"。在古代，"执牛耳"是订立盟约的时候盟主的特权，后人引申为占据领导地位者。作为明朝宗室后裔的朱耷，在改朝换代以后，早已经失去了"执牛耳"的地位，因此他把自己的名字去掉了"牛耳"，改为"八大"。

八大山人有一首题画诗说："墨点无多泪点多，山河仍是旧山河。"言简意赅地说出了他绘画的艺术特色和寄寓的思想情感。沿着他所提示的这条线索，我们尝试深入地理解和欣赏这位画家伟大的艺术作品。他的特殊身世和所处的时代背景，使他的画作不能像其他画家那样直抒胸臆，而是通过晦涩难解的题画诗和怪异的形象来表现。例如他所画的鱼和鸟，寥寥数笔，或拉长身子，或紧缩一团。特别是那对眼睛，总是白眼看着那个世界。仿佛周围的一切都像他的画一样，山河破败，树木凋零，荒凉孤寂。

作为明末遗民，八大山人怀着国破家亡的痛苦出家为僧，这些痛苦和悲伤、无奈只能通过书画来宣泄。反映在他的书画

枯木来禽图　清　朱耷

中，除了非同寻常的构图与笔墨，他的落款与用印也别有深意。在八大山人书画的落款中，"八"字和"大"字很近，"山"字和"人"字也很近，因此，他的落款，乍看之下既像"哭之"，又像"笑之"。哭之笑之，哭笑不得，或许八大山人正是以此表达自己故国沦亡、哭笑皆非的痛苦心情。

清代"四王"是四位姓王的画家吗？他们有什么突出成就？

夏山图轴　清　王原祁

"四王"是清初绘画史上一个著名的绘画流派，其成员为王时敏、王鉴、王翚、王原祁四人。因为四人都姓王，故称"四王"。

"四王"被认为是清代画坛的正统派，他们之间有师友或亲属关系，在绘画风尚和艺术思想上，直接或间接受明代董其昌的影响。四人都功力深厚，崇尚摹古，精研笔墨，追求古人意趣。其中王时敏被封为"四王之首"，他出身于书香门第，曾临遍宋元名迹。他学习黄公望，笔墨秀雅苍润，法度严谨。王鉴是"四王"的中坚力量，他深入研究"元四家"，并且上溯到五代的

云壑松荫图　清　王鉴

仙山楼阁图　清　王时敏

董源、巨然。他的青绿设色山水画，秀润明朗。王翚被看作清初的画圣，是"虞山画派"的开创者，他学习南北宗的画法，是集古之大成者。王原祁则是"娄东画派"的创始人之一，他的笔墨浑厚，注重皴染和章法布局，在当时的画坛享有盛名。"四王"对清代和近代山水画都产生了深远影响。

"四王"在艺术思想上的共同特点是仿古，他们把宋元名家的笔法视为最高标准。这种思想得到了皇帝的认可和提倡，因此被尊为"正宗"。"四王"以山水画为主，绘画具有"中和"之美，能使人消除偏激浮躁之气，涵养平和仁爱之心。他们各自的画风略有区别，又以师承关系分为"娄东"与"虞山"两派，影响了后代300多年。康熙至乾隆年间有受其影响而出现的"小四王""后四王"，画风更加程式化。四人在艺术上强调临摹，要宛若古人，走的是脱离现实醉心于前

草堂碧泉图　清　王翚

人笔墨技巧的路线。尽管画法、色彩无可挑剔，但创新不足、样式重复，不免露出僵化的风气。后世评价褒贬不一，可谓毁誉参半。

对"四王"流派的反对呼声早已有之。"扬州八怪"和"四僧"等艺术家们反其道而行之，创造出与之面貌截然不同的绘画风格。这也是艺术创作的魅力：顺势与逆势从来没有定律。

文化与遗存

《竹林七贤与荣启期》砖画

"竹林七贤"是魏晋时期的文人，指阮籍、嵇康、王戎、山涛、向秀、刘伶、阮咸。

"竹林七贤"是魏晋时期玄学的代表人物，他们不拘礼法，言行举止极具个性，喜欢写诗、喝酒、弹琴，在山水清幽的竹林里聚会游玩，过着无拘无束的生活。他们看似桀骜不驯，其实都有着不得已的苦衷，而要理解他们的苦衷，就不得不去了解他们所处的魏晋大时代。魏晋时期司马家族专权，社会动乱频仍，民众痛苦不堪。当时的文人们不但无法施展才华，而且时刻担忧自己的生命。一些名流贤达，只好崇尚老庄之学，主张清静无为。志趣相投的人常约在一起，用清谈、饮酒、佯狂等形式排遣苦闷心情，希望从虚无缥缈的神仙境界中寻找精神寄托，并成为当时的风气。

《竹林七贤与荣启期》是在南京的古墓中发现的模印砖画，由 200 多块古墓砖组成。这幅美丽的砖画分为两幅，竹林七贤中的嵇康、阮籍、山涛、王戎四人占一幅，向秀、刘伶、阮咸与荣启期四人占一幅。人物

竹林七贤与荣启期　模印砖画　魏晋

之间以银杏、槐树、青松、垂柳、阔叶竹相隔。八人均席地而坐，但各呈现出最能体现各自个性的姿态。士族知识分子自由清高的理想人格在这块画像砖上得到了充分表现。

这是迄今为止所发现的最早的一幅魏晋人物砖画，也是保存最好的一幅砖画。其完整地呈现了竹林七贤的人物风貌，有其独特的价值和不可替代的唯一性，属国宝级文物。

什么是画像石？常见题材是什么？

汉画像石是中国古代文化遗产中的瑰宝，是汉代没有留下名字的民间艺人雕刻在墓室、棺椁、墓祠、墓阙上的石刻艺术品。

画像石早期是一种建筑装饰构件。秦至西汉初期，多用于装饰宫殿衙舍的阶基；西汉中期以后，主要用于装饰地下墓室壁面；东汉则是画像砖艺术的鼎盛时期。画像石和画像砖是汉代美术史最重要的材料之一，数量众多，内容丰富，这与当时的厚葬风气有关。

画像石的内容丰富多彩，大致可以分为三类。一是丰富多彩的现实生活，如车骑出行、迎宾拜谒、庖厨宴饮、乐舞杂技、钟鸣鼎食、驰逐狩猎、射御比武、捕鱼田猎、亭台楼阁等，这些生动地反映出墓主生前拥有的各种财富，从山林田池到宅第高楼等。二是教化后世的故事。当时人们认为万物有灵，对天上地下的一切神灵都非常敬重，对贤君明臣、武功爵勋、贞节烈女、殉国刺客、成神为仙的故事充满激情。三是雄奇瑰丽的神仙世界。有人类先祖伏羲、女娲，有青龙、白虎、朱雀、玄武四神，有随车出行的九头人面兽，也有三足乌、九尾狐、灵芝、麒麟等奇禽异兽。古人为了死后能够得道升仙，充满想象力的先民把龙、虎、鹿等神奇动物臆想为升仙的坐骑，这在画像石中频繁

汉代画像石　白虎纹

出现。汉画艺术无所不包，无怪乎鲁迅先生赞叹汉画艺术"深沉博大"。

汉画像石不仅是精美的古代石刻艺术品，还是研究汉代政治、经济、文化的重要资料。

中国著名的"四大石窟"留下了什么艺术财富？

中国"四大石窟"指的是敦煌莫高窟（甘肃敦煌）、云冈石窟（山西大同）、龙门石窟（河南洛阳）和麦积山石窟（甘肃天水），它们都是中国古代佛教文化艺术的瑰宝。

敦煌莫高窟是现存规模最庞大的世界艺术宝库之一，莫高窟艺术的特点表现在建筑、塑像和壁画三者的有机结合上。莫高窟壁画绘于洞窟的四壁、窟顶和佛龛内，内容博大精深。主要有佛像、佛教史迹和佛教故事，有经变、神怪、供养人和装饰图案，还有很多表现当时狩猎、战

争、耕作、纺织、婚丧嫁娶等社会生活的画作。这些壁画有的雄浑宽广，有的鲜艳瑰丽，体现了不同时期的艺术风格和特色。莫高窟壁画为中国美术史研究提供了重要实物，也为研究中国古代历史文化提供了极有价值的文献和图样。

云冈石窟是中国第一个规模宏大的石窟群，被誉为"中国古代雕刻艺术的宝库"。昙曜五窟为云冈石窟的精华，其中第20窟露天大佛结跏趺坐，被称为云冈石刻的象征。云冈石窟造像气魄雄伟，内容丰富，有主题突出的佛像浮雕，有精雕细刻的装饰纹样，还有栩栩如生的乐舞场景。整体雕刻艺术继承并发展了秦汉时代的艺术传统，吸取并融合了外来艺术精华，形成了独特的风格特征。

龙门石窟规模宏大，气势磅礴，在风格上是云冈石窟的延续。北魏的造像追求秀骨清像式的艺术风格，唐代的佛像则追求脸部浑圆，双肩宽厚，胸部隆起，且衣纹的雕刻使用圆刀法，自然流畅。奉先寺是龙门石窟规模最大、艺术最为精湛的一组摩崖群雕，是龙门石窟的代表。龙门石窟的造像艺术开始融入了对汉族审美意识和形式美的强烈追求，使石窟艺术呈现出了中国化、世俗化的趋势，堪称中国石窟艺术变革的里程碑。此外，石窟中还保留着大量的宗教、美术、建筑、书法、音乐、服饰、医药等方面的实物资料，因此，也是一座大型石刻艺术博物馆。

在中国的"四大石窟"中，自然景色以麦积山石窟为最佳。它的显著特点是洞窟所处位置极其惊险，大都开凿在悬崖峭壁之上，洞窟之间全靠架设在崖面上的凌空栈道相通。麦积山石窟以其精美的泥塑艺术闻名中外，被誉为"东方雕塑馆"。如果说看壁画一定要到莫高窟的话，那么看泥塑就一定要到麦积山。大量丰富的泥塑体现了一千多年来不同时代的雕塑特点，同时也留下了无数的珍品。麦积山石窟留存了大量宗教、艺术、建筑等方面的实物资料，为后世研究我国佛教文化提供了丰富的资料和史实，成为中国文化艺术史上一颗璀璨的明珠。

为什么敦煌莫高窟壁画里有那么多飞天的仙女？

敦煌飞天是敦煌莫高窟的名片，是敦煌艺术的标志。只要看到优美的飞天，人们就会想到敦煌莫高窟艺术；提起敦煌，人们就会想到千姿百态的飞天形象。敦煌莫高窟几乎窟窟画有飞天，据统计有4500余身，可以说敦煌莫高窟是中国佛教石窟寺庙中，保存飞天数量最多的石窟。

飞天，原是佛教中称为"香音之神"的能奏乐、善飞舞，满身异香而美丽的菩萨。在中国文化中，"飞天"二字有翱翔天际之意，因此使用"飞天"作为天宫中奏乐舞蹈、凌空散花的仙女名称，属于一语双关。

一千余年的敦煌飞天，由于朝代的更替、中西文化的频繁交流，其姿态意境、风格情趣都在不断地变化。唐代是敦煌飞天的鼎盛期，此时的飞天形象是完全中国化的飞天。唐代大诗人李白咏赞敦煌飞天曰："素

敦煌壁画　飞天（局部）　唐

手把芙蓉，虚步蹑太清。霓裳曳广带，飘拂升天行。"

飞天是天宫的精灵，在造型上集中了人间最善良、最美丽的形象，使人感到亲切并产生护佑感。飞天表达的是开朗、乐观的情趣，这也正是飞天艺术的生命力所在。

今天，我们在歌舞、绘画、工艺美术和文化产品中，还经常看到飞天的形象。飞天被赋予了新的生命力和艺术感染力，她们仿佛已从天国降落到人间，不断地给人们以启迪和美的享受。飞天的价值，远远超越了美术和宗教的范畴，确切地说，它更是中外文明交融的缩影。

永乐宫壁画为什么被誉为中国古代壁画的奇葩？

位于山西芮城的永乐宫，是著名的文化遗存。其中艺术价值最高的首推精美的大型壁画，它不仅是我国绘画史上的重要杰作，在世界绘画史上也是罕见的巨制。

永乐宫壁画是我国古代绘画艺术的巅峰之作，其分别画在无极殿、三清殿、纯阳殿和重阳殿里，总面积达 1000 多平方米。永乐宫壁画题材丰富，画技高超，既继承了唐、宋以来优秀的绘画技法，又融汇了元代的绘画特点，形成永乐宫壁画的可贵风格，成为元代寺观壁画中最为引人注目的一章。三清殿，又称无极殿，是供奉"太清、上清、玉清"的神堂，为永乐宫的主殿。殿内四壁上布满壁画，画面高 4.26 米，全长 94.68 米，面积为 403.34 平方米，画面上共有人物 289 个，三清殿壁画的恢弘由此可见一斑。永乐宫壁画虽然采用传统的程式画法，但近 300 个形象无一雷同，令人叹为观止。

永乐宫壁画是道教宣传画，目的在于揭示教义和感召人心，其绘制时间略早于欧洲文艺复兴，几乎和元代共始终。整幅壁画内容极为丰富，是研究绘画艺术和当时社会生活的生动资料。作为唐、宋绘画艺术特别是壁画艺术的直接继承者，永乐宫壁画是我国绘画史上的一朵奇葩。从目前发现的我国古代绘画遗迹来看，大幅的元代人物画极少，永乐宫壁画正可作为研究、借鉴元代绘画的范例。

为什么说是"沥粉堆金"的《朝元图》？

《朝元图》是元代马君祥和当时的画工共同创作的一幅大型壁画，位于山西永乐宫三清殿中，是我国古代壁画中的经典佳作。《朝元图》描绘了诸神朝拜元始天尊的故事。其宏大的构图、出色的人物形象塑造、炉火纯青的线描技艺、金碧辉煌的赋彩无不令人叹为观止。

《朝元图》中的人物形象是根据元代人的形象塑造出来的，大小近300个人物形象，竟然绝无雷同，令人惊叹。在《朝元图》的构图中，众多人物的安排井然有序，丝毫没有混乱，因此这种构图显出高超的艺术性。《朝元图》通过传神的线条，来传达诸神的个性特征和精神世界。多

永乐宫壁画　朝元图（局部）　元

永乐宫壁画　朝元图（局部）　元

年以后即便《朝元图》完全褪色，只留下线条，其人物形象的表现力与感染力依然存在。这正反映出《朝元图》用线的艺术魅力。

《朝元图》以金碧辉煌的色彩风格著称于世，有"沥粉堆金"之说。"沥粉堆金"的技法是传统壁画、彩雕以及建筑装饰常用的一种工艺手段。古代这种手法多用于局部的点缀，如在表现帝王将相的车饰、伞盖、朝服盔甲以及贵妇人的头饰时，可使画面浑厚、富丽。

《朝元图》出色地运用了墨线为骨、色不压线的色域分隔法与重彩勾填法。其中的沥粉线加金后增添了金碧辉煌的色彩效果。壁画中冠带、衣襟、飘带、衣袖、璎珞、头饰、盔甲、熏炉、伞盖、宝座等细节多施以沥粉贴金、雕填等工艺，呈现出富丽堂皇的艺术效果。"沥粉堆金"法大大增强了色块质感的对比，使色彩效果沉着浓重、金碧辉煌。

《朝元图》画面宏阔，构图完整，造型精妙，赋彩华丽。整体色彩效果丰富而不失和谐统一，金碧辉煌而不失沉着庄重，在中国绘画史上堪称登峰造极之作。

传统年画有哪些著名的产地？

年画寓意吉祥，始于古代的门神画，是中国民间艺术之一。人们在过年时会制作和张贴漂亮的年画，起到增添节日喜庆气氛的作用。

中国著名的民间木版年画产地有：天津杨柳青、苏州桃花坞、山东杨家埠、河南朱仙镇、四川绵竹、河北武强、广东佛山等，这些地方的木版年画在历史上久负盛名。

杨柳青年画的特色是"半印半画"，独树一帜。它的制作程序大致包括创稿、分版、刻版、套印、彩绘、装裱等过程，需要众人通力合作完成。前期工序与其他木版年画大致相同，都是依据画稿刻版套印。而后期制作，却要花费较多的时间，最后手工彩绘上色，把版画的刀刻与绘画的笔触色调巧妙地融为一体，使两种艺术相得益彰。

苏州桃花坞年画起源于明代，明末已有鲜明的独特风格，当时画工与雕工结合，版刻已臻完美，被称为"姑苏版"年画。桃花坞年画构图对称、丰满，色彩绚丽，常以紫红色为主调表现欢乐的气氛，基本全用套色制作，刻工、色彩和造型具有精细秀雅的民间艺术风格。苏州桃花坞与天津杨柳青并称为我国南北两大年画中心。桃花坞木版年画不仅流传全国，而且远渡重洋传播到日本、英国和德国，特别是对日本的浮世绘有相当大的影响。

杨家埠年画色彩浓重，重喜庆，多反映风俗和日常生活。其构图完整匀称，造型粗壮朴实，线条简练流畅。由于地理位置的原因，在制作技法上受到杨柳青年画一定的影响，同时与桃花坞年画也互有影响。因此，杨家埠年画兼具北方质朴明快与南方雅致秀丽的艺术特点。

朱仙镇年画由宋代汴京年画发展而来，主要分布在开封朱仙镇及其周边地区。其线条粗犷，形象夸张，构图饱满，色彩艳丽，对比强烈。朱仙镇年画在中国传统木版年画中历史最为悠久，自宋朝至今，艺术积累深厚，形成了自身特有的艺术风格。鲁迅就对朱仙镇的木版年画极为关注和喜爱，称赞其刀法雄厚、朴实，是富有民族色彩的艺术作品。

开封朱仙镇木版年画　刘海戏金蟾
31cm×22cm　套色水印

开封朱仙镇木版年画　福禄寿
18cm×22cm　套色水印